승효상 도큐먼트

승효상 도큐먼트

열화당

여기에 소개되는 건축들은 지난 사반세기 동안 작업한 결과의 일부이다. 김수근 건축을 하며 보낸 십오 년을 합하면 무려 사십 년이 넘는 세월을 건축에 몰두하고 있으니 내 건축 이력도 만만치 않게 오래되었다. 그런 지금에도 건축 작업은 여전히 내가 자신할 수 있는 일이 아니라는 것을 안다. 밤 늦도록 도면을 만지작거리며 망설이고 망설인다. 뿐만 아니다. 그렇게 노심초사하여 가까스로 만든 설계로 지어진 결과를 보면 늘 한심하다. 그러니 완공된 건축을 세간에 알리는 일이 아무래도 민망할 수밖에 없어 지난 몇 년간 웬만하면 건축매체를 멀리했다. 그럴 일이 아니라는 것을 알고는 있었다. 건축은 개인이 아니라 공공의 소유여야 한다는 내 주장이 온당하다면 내가 지은 건축도 공공에 의해 재단되어야 할 의무가 있다는 것이 줄곧 나를 보챘다. 이 책의 출간을 더 이상 미룰 수 없었던 이유였다. 다만, 건축설계가 거주하는 이들에 대한 존경과 애정을 바탕으로 그 삶을 조직하는 일이므로 그 결과를 기록한 이 책을 작품집이라고 결코 하기 싫어 건축 도큐먼트라고 했다. 마치 카탈로그처럼 편집된 까닭이다. 지난 작업을 추려 모으기만 하는 것도 예의가 아닌 듯하여 각 프로젝트에 대해 지금 입장에서 다시 설명하였다. 그런데, 그게 회한과 변명으로 일관한 듯하여 또한 민망스럽다.

건축은 과정의 산물이다. 건축주를 비롯한 모든 이들로부터 듣는 일관된 불평이 나의 까탈스러움에 대한 것이지만, 내 건축 속에서 삶을 경영하는 이들의 평화와 존엄을 위해서는 어쩔 수 없는 일이다. 그렇지만 미안하기 짝이 없고, 고마움 또한 가득하다. 이 책으로 받을 찬사가 조금이라도 있다면 모두 그분들의 것이다. 이 책의 출간을 기꺼이 맡아 준 열화당에 감사 드린다.

2015년 12월
승효상

사진 제공
숫자는 페이지 번호임.

권태균 41; 김종오 45, 49-51, 53-55, 57-59, 61-63, 65-67, 69-71,
73-75, 77-79, 82-85, 87, 89, 91, 95-97, 99-103, 105-107, 109-
111, 113-115, 117-119, 121-123, 125-127, 129-131, 133-137,
139-141, 143-145, 147-149, 151-153, 155; 무라이 오사무(村井修)
12-27, 29-33; 문정식 35-39; 소호 차이나(SOHO China) 46, 47;
승효상 81, 88; 이로재 93, 159, 162; C3(김종오) 11, 43

차례

서문 5

수졸당 10

수백당 16

웰콤 시티 22

대전대학교 혜화문화관 28

베이징 장성호텔 클럽하우스 34

파주출판도시 40

한국예술종합학교 마스터플랜 42

보아오 캐널빌리지 44

노헌 48

닥터박 갤러리 52

솟대박물관 56

휴맥스 빌리지 60

차오웨이 소호 64

대전대학교 천안한방병원 68

디엠지 평화생명동산 72

구덕교회 76

조계종 전통불교문화원 80

추사관 86

대장골 주거단지 계획 90

베이징 첸먼다제 역사지구보존재개발계획 92

교보파주센터 94

대전대학교 삼십 주년 기념관 98

제문헌 104

모헌 108

노무현 대통령 묘역 112

신동엽문학관 116

삼백육십도 지수화풍 골프클럽하우스 120

삼양화학 사옥 124

퇴촌주택 128

롯데아트빌라스 132

차의과학대학교 기숙사 138

핑두주택문화관 142

현암 146

명필름 파주사옥 150

디자인비따 154

논산주택 156

명례성지 158

이로재 건축 연보 163

도큐먼트 건축

수졸당 守拙堂

서울

1992

많은 기교는 졸렬함만 못하다는 '대교약졸(大巧若拙)'에서 따온 '수졸당'은 『나의 문화유산답사기』의 저자 유홍준(兪弘濬) 교수의 집이다. 세기의 베스트셀러가 된 그 책은 이 집을 지어 입주하던 날, 첫 권이 나왔다. 집장수의 집처럼 싸게 지어 달라는 것이 거의 유일한 조건이었지만, 그는 이미 널리 알려진 한국미술사학자인 까닭에 한국 고유의 아름다움의 반영이라는 암묵적 전제도 피할 수 없었다. 1990년대초만 해도 오래전 단절된 한국 전통가옥의 맥을 찾는 일은 그 시대의 건축가들에게 멍에 같은 과제였지만 여전히 해답 없는 상태였다. 더구나 이 집이 위치한 지역은 강남에서 제일 먼저 등장한 전형적 집장수 집들의 단지였으며, '저 푸른 초원 위에 그림 같은 집'의 미망으로 구축된 동네는 모여 살지 않는, 붙어서 살 뿐인 취락지였다. 분배된 사각형의 필지에 담장을 두르고 한 켠에 '불란서 미니 이층집'을 세우고 나머지 땅에는 푸른 잔디를 심는 이 새로운 주택 유형은, 수천 년 동안 이 땅에서 구축되었던 거주방식을 송두리째 바꿨고, 따라서 삶의 방식도 생소하게 했다. 집은 '가옥'이 아니라 '공간'이어야 하는데 가옥이라 여기는 서양문물에 취하고 있었던 것이다.

칠십 평의 작은 땅이지만 세 개의 다른 마당을 설정했다. 가운데 마당은 거실과 높이를 같이하고 거실처럼 마루를 깔아 내외부의 관념을 흐리게 했다. 이를 포함한 세 개의 마당을 건물과 담장으로 둘러싸 구축했다. 때문에 방과 방 사이가 길어지고 어떤 방은 외부를 통해서만 연결된다. 불편한 집이 되었다. 그러나 그 불편이 사유로 이어지고 가족의 단란을 만들며 결국 삶을 윤택하게 할 것이다.

이 수졸당은 중학교 교과서에 실릴 정도로 많은 화제를 낳았다. 대개 한국의 전통성과 현대성이 잘 조화된 집이라는 평이었고 심지어는 이 집에 사용된 전통적 창호지나 일부 기와 담장이 현대적 재료와 잘 어울린 때문이라 했다. 아니다. 우리 고유의 옛집에 온 듯한 느낌은, 눈에 보이지 않지만 옛집의 구성방식을 차용하며 철저히 공간만을 구축한 까닭이다. '빈자(貧者)의 미학'이라는 화두를 집어 들고 독자적 방향을 모색하던 승효상 건축의 첫 작업이었으므로, 이 집은 내가 지금 얼마만큼 와 있는지를 잴 수 있는 원점이 된다.

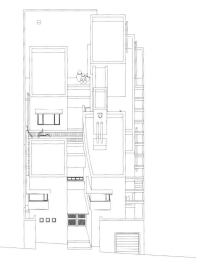

수백당 守白堂

경기도 남양주

1998

서울의 근교 화도(和道)에 있는 이 집의 땅은 산을 배경으로 남으로 펼쳐지는 경관을 갖는다. 이미 주변에 네 채의 주택들이 있었고 이 집들을 지나 계곡이 시작되는 지점에 위치한다. 소유한 땅의 크기와 관계없이 주변영역이 광범위하여 거주를 위한 영역을 정할 필요가 있었다. 축대도 이미 만들어져 땅을 이분하고 있어서 이를 포함한 길이 삼십 미터, 폭 십오 미터의 프레임을 주거영역으로 설정하였다. 그리고 그 속에 열두 개의 방을 구축한다.

우리의 전통적 집에는 목적을 가진 방이 없었다. 위치에 따라 안방, 건넌방, 문간방으로만 불렀다. 이 방들은 식탁을 놓으면 식당이 되고, 요를 깔면 침실, 서탁을 설치하면 공부방, 담요를 깔면 화투방이 되었다. 우리의 의지에 따라 방의 목적이 수시로 변했던 게, 지난 1970년대에 불어닥친 서양주택의 영향으로 침실에는 침대가 놓이고 식당에는 식탁이 늘 점거하여 우리의 삶을 목적적으로 바꾸며 우리의 공간관념도 기능적으로 변환시켰다.

이 전통적 공간관념을 회복하여 도시를 벗어나 자유로운 삶을 원하는 거주자를 위해 목적이 없는 방 열두 개를 구성한다. 그것도 다섯 개만 지붕이 있고 나머지는 위가 열려 있다. 때로는 식당일 수밖에 없고 욕실일 수밖에 없지만, 그 목적 아니고도 그곳에서 머무를 수 있도록 인접한 방들과 접속을 긴밀하게 했다. 방과 방 사이는 때로는 물로 채우고 때로는 꽃으로 채우지만 어떤 곳은 그냥 비어 있다. 그러고는 이를 감싸는 재료와 물성도 희게 하여 비웠다. 자칫하면 건조해지기 쉬운 이 주거공간에서, 공직에서 은퇴한 바깥주인과 미술을 전공한 안주인은, 이 공간에 담기는 자연의 변화와 더불어 대단히 풍요로운 일상을 일구며 거주하는 것을 보며 수백당(守白堂)이라는 당호를 선사했다. 이 집은 2010년 뉴욕현대미술관의 영구수장품으로 선정되어 그 모형과 도면이 전시되었다.

웰콤 시티

서울

1999

웰콤(Welcomm)은 '웰 커뮤니케이션(Well Communication)'을 줄인 말로 전문광고인들이 모여 만든 광고회사의 이름이다. 한국의 광고회사들이 대개 대기업의 하부조직인 데 비해 웰콤은 자신들만의 독창성을 담보하여 독립한 회사이다. 그만큼 독특한 광고를 잘 만드니 그 독창성은 건축에도 애초에 주어진 과제였다. 서울은 산속에 만들어진 도시다. 평지가 많지 않아 한 집의 건축 규모가 클 수가 없었다. 작은 단위들이 모여서 이루는 집합적 형태가 서울의 고유한 건축 풍경이었다. 그러나 지난 세기 평지에 세운 서양도시의 미망을 좇아 랜드마크를 흉내내며 산세를 거스르고 단일의 거대 건축을 지어 온 바람에 도시의 조화는 일그러지고 만다. 물론 산업이 커져 큰 건물을 지어야 하지만, 거대 공장이나 컨벤션적 기능이 아닌 다음에야 업무는 대개 작은 단위로 이루어지니, 잘만 연구하면 작은 단위를 지킬 수 있을 것이다. 더구나, 주어진 땅은 오랫동안 여러 필지로 나뉘어 주변의 작은 단위들과 동네를 이루고 있어 그 풍경을 유지하는 게 온당하였다.

이웃한 도로의 경사를 확인하도록 포디엄으로 수평을 잡고 그 위에 박스를 올리고 가운데 세 부분을 도려내었다. 이 빈 공간을 통해 앞뒤 동네가 연결된다. 목적이 없는 이 비운 공간에는 동네의 풍경이 자리하면서 건축의 입면을 만든다. 그러니 이 건축은 도시의 장치로 그 중요한 기능이 있으며 그래서 윤리적이다. 포디엄 부분은 도로를 만들면서 절개한 부분이었으므로 땅에 속한다. 따라서 윗부분과 달리 회의실이나 전시장 같은 공용의 기능에 적합하며, 윗부분은 팀을 이뤄서 작업하는 창조적 업무에 적합하다. 시간이 흐르면서 기억을 저장하는 내후성 강판으로 박스들을 만들고, 아래 포디엄은 땅 표면의 콘크리트가 연속된다. 매스가 나뉜 탓에 내부공간이 다이나믹하게 연결되는데, 매스 안을 오르는 계단은 마치 산비탈의 동네를 오르는 듯하다. 이 건축이 완공된 2000년 베니스비엔날레의 주제는 '덜 미학적인 것이 더 윤리적이다(Less Aesthetics, More Ethics)'였다.

대전대학교 혜화문화관

대전

2001

대전대학교 캠퍼스는 산을 깎아 땅을 만들었던 만큼 평지가
부족하다. 애초에 학교로부터 받은 기본구상도 속의 이 건축
도 계곡을 메워 만든 축대 위에 있었다. 계곡 아래쪽에 기숙사
를 설계하기로 된 민현식 선생과 이 경사진 지형을 그대로 살
릴 것에 쉽게 합의했다. 대학문화를 적극적으로 형성하기 위한
이 시설의 프로그램은 다목적 공연장과, 동아리 회합실들, 식
당과 회의장, 전시실 그리고 학생상담실과 어학실습실 등이다.
한 건물로 묶기에도 너무 다양하고 독립적인 이 시설들을 하나
의 출입동선으로 제어하는 것은 그 출입의 성격과 기능으로 보
아 불가능하고 불필요했다. 오히려 서로 다른 사건들이 동시에
일어나는 것을 허용하는 것이 더욱 유효할 것이다. 자유분방한
학생들을 실내공간에서만 수용할 수도 없어 옥외공간의 필요
성을 절감하게 된다. 그래서 더욱 새로운 땅이 필요했다.
대지는 십 미터 레벨 차이를 가지고 있었다. 하나의 평면을 먼
저 설정했다. 이 새롭게 만든 땅을 도로에서 접속하게 하고 이
데크가 특별한 장소성을 갖도록 완만한 경사로 들어올렸다. 한
가운데는 계곡 지형의 경사와 레벨의 차이를 그대로 받아 옥
외집회장으로 만들어 계곡의 기억을 유지한다. 이 옥외집회장
의 둘레에 주어진 시설들을 설치하고 환유하는 동선으로 전체
를 잇는다. 천 평 면적의 새로운 땅에는 유리에 싸인 두 개의 매
스를 올렸다. 땅이라는 걸 강조한 것이다. 그 사이에 조그만 집
회 공간도 있고 벤치와 나무도 있다. 마치 하나의 공원이기도
하고 광장이기도 하며 마당이기도 하다. 여기를 오르는 루트는
다양하다. 가운데 옥외집회장을 감싸는 경사진 길을 따라 식당
앞 발코니를 거쳐 오르거나, 전시장과 회의시설의 중정을 통하
여 오르기도 하고, 혹은 좌우의 유리박스를 통해 접근할 수도
있으며, 도로에서 직접 계단을 통해 오르기도 한다. 이 비어 있
는 곳, 모든 지면에서 떠 있는 이 특별한 장소가 이 대학의 지적
담론을 촉발시키는 계기가 될 수 있기를 바랐다. 그래서 '캠퍼
스의 고원(Campus Plateau)'이라고 이름하였다.

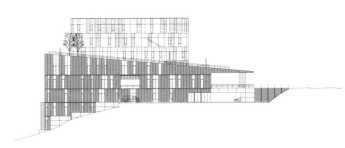

베이징 장성호텔 클럽하우스

중국 베이징 바다링 八達嶺

2001

중국 땅에 처음으로 지은 건축인 이 프로젝트의 전체 부지는 베이징 근교 바다링(八達嶺) 만리장성을 경계로 세 개의 계곡이 있는 아름다운 산속에 있었다. 건축주는 이곳에 백 채의 빌라를 지어 중국의 신흥부자들에게 팔 목적으로 이 프로젝트를 시작한다고 했고, 아시아지역에서 열두 명의 건축가들을 선정하여 파일럿 하우스처럼 한 채씩 설계를 맡겼다. 내게는 클럽하우스가 주어졌다. 천 평이 넘는 클럽하우스는 경사가 심한 산세에 비해 규모가 확실히 컸다. 몇 개의 단위로 분절하고 그 사이로 자연을 끌어들여 건축과 자연이 서로 어울리게 해야 했다. 즉 풍경으로서의 건축이었다. 오브제로서의 건축이 아니라 자연 속에 모인 이들이 특별한 삶을 일구는 장소의 풍경, 바로 '문화풍경(culturescape)'이며 새로운 풍경이다. 클럽하우스의 프로그램은 주말 주택들의 거주자나 방문객들을 위한 시설이 위주가 되는데, 중식당과 양식당, 실내 수영장과 소규모 화랑, 식품점 그리고 직원들을 위한 시설들로 구성된다. 이 건축은 비단 주택들의 거주자나 방문객 외에도 외교클럽의 형태로도 사용될 예정이어서 다양한 모임과 문화적 이벤트가 항상 일어나도록 요구받았다.

현장에는 양수(揚樹)라는 나무가 많았는데 한 그루도 베지 않겠다고 말했다. 전체 볼륨을 막대처럼 나눠서 북쪽의 산에서 돌출된 것처럼 만들고, 기존의 계단식 밭의 형상처럼 지형을 따라 오르게 한다. 막대는 나무들을 피해 배열되고 나무가 많은 곳이 정원이 되며 어떤 나무는 건물을 뚫기까지 한다. 막대가 끝나는 경계에는 데크와 수반들을 두어 땅과 만나게 하되 모두 기존의 지형에서 떠 있게 하여 원지형의 모습을 인식하게 했다. 평면에서 보면 건물 내부와 외부를 분간하기 쉽지 않다. 그만큼 건축을 그렸다기보다는 풍경을 그렸다. 다른 프로젝트와 달리 첫 현장방문에서 만든 스케치가 건축의 완성에 이르기까지 유지된 것에서 알 수 있듯이, 땅과 처음 만난 인상이 너무도 강렬하게 남았기 때문이다. 이 프로젝트는 설계 도중에 세간에 알려져 건축주인 장신(張欣)이 베니스비엔날레에서 비건축가로서는 처음으로 특별상을 받는 바람에 많은 사람이 이 건축을 즐기도록 호텔로 용도가 변경되었다.

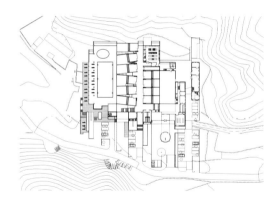

파주출판도시

경기도 파주

1999

1990년대초 출판산업의 부흥을 통한 한국사회의 문화 진작을 꾀하기 위해 뜻을 모은 출판인들과 새로운 사회를 꿈꾸는 건축가들의 열정으로 이 도시는 태어났다. 관습적인 단지 계획으로 정부의 허가를 받은 상태에서 코디네이터라는 임무를 부여받은 나는 이 마스터플랜이 가진 문제를 지적하고 조합의 동의를 얻어 새로운 제안을 건넸다. '랜드스케이프 스크립트(Landscape Script)'라는 키워드를 제공한 플로리안 베이겔(Florian Beigel)과 민현식(閔賢植), 김종규(金鍾圭), 김영준(金榮俊)으로 팀을 이루어 전체 배치를 다시 정했다. 원칙은 삼십만 평의 땅이 가진 개별의 장소성에 입각한 공동성의 확립이었다. 자유로변에는 '고속도로 그림자 유형(highway shadow unit)', 가운데 부분은 '서가 유형(bookshelf unit)', 갈대가 많은 지역에는 '암반 유형(stone unit)', 샛강 옆은 '캐널 유형(canal loft unit)', 네 변이 도로로 둘러싸인 곳은 '도시의 섬 유형(urban island unit)' 등으로 장소의 특성을 건축화했다. 다만 기존 마스터플랜에 입각한 도로 조직은 이미 공사를 시작한 이후라 바꾸지 못했는데, 이는 현재까지도 이 도시가 지향하는 가치를 저해하는 요소가 되고 만다.

우리는 이 프로젝트가 일개 산업단지라는 이름이 가질 폐쇄성을 우려했으며 따라서 보편적 가치를 전제로 하는 '도시'라 칭하고 파주출판도시로 이름을 정했다. 새로운 그림을 그린 후, 국내외 사십여 명의 건축가들을 초청하여 개별 필지의 건축설계를 진행하게 된다. 모두들 이 도시의 정신을 이해하는 바탕에서 작업했지만 몇 개별 필지는 이 선한 규약들을 외면한 것도 있다. 나는 코디네이터로서 전체의 조율과 진행에 집중하였으나, 이 도시의 인프라 시설인 가로변 시설과 가로등, 교량 그리고 임시식당, 기념물 등은 도시의 정체성 유지를 위해 설계를 맡았다. 이 도시는 우여곡절을 겪으며 2000년대말 거의 완공을 하게 된다. 그러나, 도시는 완성되는 게 아니라 변화하고 움직이는 생물체다. 지금도 변화하는 이 도시는, 특히 이단계의 건설이 다 마무리되면 또 다른 모습으로 진화할 것이다.

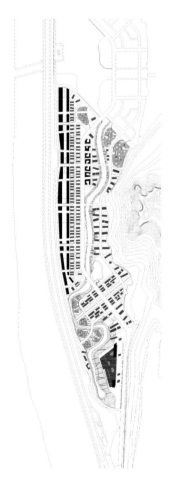

한국예술종합학교 마스터플랜

서울

2000

이 프로젝트는 제대로 실현되지 못했다. 마스터플랜을 만든 건축가임에도 실시계획의 참가를 제한하는 불합리한 제도를 자의적으로 남용한 실무공무원의 고집 때문이었다. 실패한 프로젝트는 거들떠보지도 않지만 이 계획안은 건축의 범위를 공간구축에서부터 도시경영으로까지 확장시켰다는 것에서 귀한 경험을 하게 했다. 서울 도심의 북동측, 조선조 이십대 임금 경종(景宗)과 선의왕후(宣懿王后)의 능인 의릉(懿陵)이 있는 곳에 위치한 이 땅은 중앙정보부가 오랫동안 점거하여 지도에서는 아예 공백으로 표기되었던 곳이다. 삼각산의 줄기인 천장산이 두 갈래로 나뉘면서 의릉은 그 가운데 위치한 배산임수의 전형적인 길지의 지형이다. 이 의릉의 좌청룡에 해당하는 줄기가 계획부지를 관통한다. 그러나 중앙정보부의 기숙사와 사격장, 차량기지 들이 조성되면서 이 산의 줄기를 훼손하며 지형을 왜곡시켰다. 더구나 이 건물들은 문화재보호법 차원에서도 불법건축물들이었다. 훼손된 지형을 건축을 통해 상징적이나마 복원하는 것으로 이 프로젝트의 건축개념이 시작된다.

원래의 지형을 유추하여 그 지세를 따라 건물의 배치를 이루면서 세 가지 레벨을 설정하는 것이다. 기존 대지의 레벨과 그 위로 새로운 캠퍼스의 활동을 집중시키는 떠 있는 인공지형의 레벨, 그리고 훼손된 지형을 은유적으로 복원한 전체 건물군의 선이다. 특히 인공지형인 데크는 여기서 일어나는 모든 문화적 예술적 사건과 삶을 담기 위한 시설을 집중시켜 이를 '문화풍경(culturescape)'이라 했다. 미로같이 구성된 시설들을 바탕으로 예기하지 않은 창조적 삶이 이뤄질 수 있을 게다. 이 산개된 시설들을 관리하거나 매개하기 위해 전체를 엮는 가로를 만들고 이를 '캠퍼스 스파인(campus spine)'이라고 칭했다. 이 새로운 축은 천장산의 지세가 흐르는 방향과 동일하게 설정하였으며 이 작은 문화예술도시의 중요한 동맥이다. 이 주된 가로가 지나면서 수없이 많은 작은 길들과 얽히게 된다. 이 얽힌 가로와 그 주변의 모든 예술의 공간들로 예측할 수 없는 사건이 일어나길 기대했다. 그 결과가 어떻게 될지 아무도 모르지만 그런 미지에 대한 동경과 관심이 예술을 촉발시키며 또한 우리의 존재를 확인시키고 지속하게 하는 바탕이라고 믿었다.

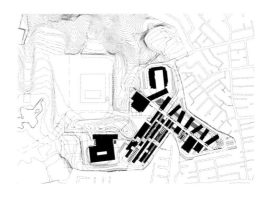

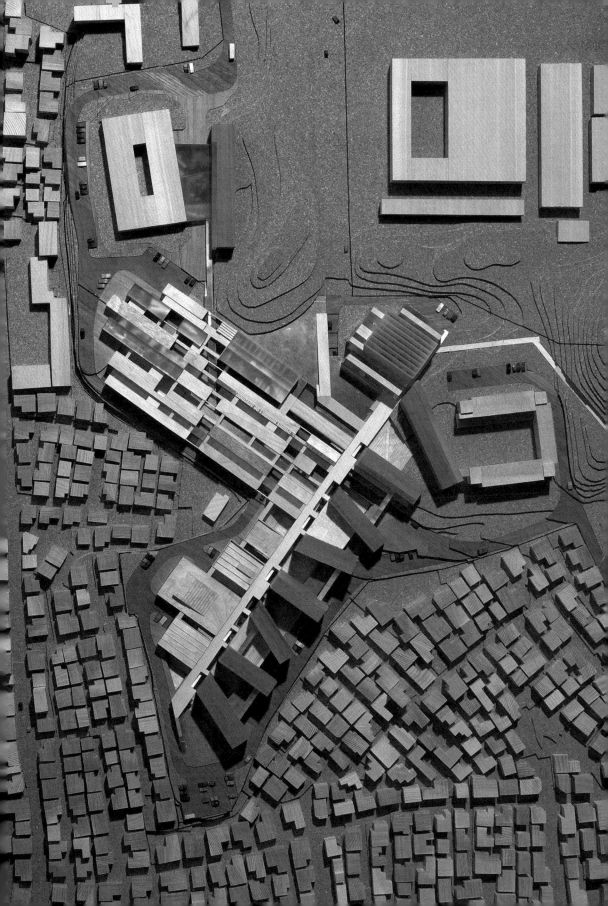

보아오 캐널빌리지

중국 하이난성 海南省

2001

보아오(博鰲)는 중국 하이난 섬 서편 바닷가에 위치한 작은 마을이다. 아열대성 기후에다 팔백만 명의 인구, 삼만사천 평방 킬로미터 크기의 하이난 섬은, 최근 중국 내 휴양관광지로 각광을 받고 있다. 베이징의 개발업체인 소호 차이나가 사백 세대 빌라 휴양촌 건립을 계획했다. 그들은 2002년 7월, 한 달의 기간을 주고 마스터플랜을 제안할 것을 요청하였는데, 그 다음 해 4월 보아오포럼(BFA, Boao Forum for Asia)을 위한 숙박 시설로 우선 쓰일 것이라고 했으니 아무리 따져 봐도 그들의 계획은 무모해 보였다. 현지의 땅은 정말 아름다웠지만 어떤 인프라 시설도 없는 원시림이었으니 그 걱정은 더했다. 습기가 몹시 높아 통풍이 과제였고 그늘 또한 필요했다.

일단 홍수기 때 전체 땅이 일 미터 위까지 물이 차는 것을 염려해서 길과 집의 바닥을 모두 높여 땅과 분리되게 하였다. 열대성 건축에도 흔히 쓰이는 형식이지만, 이는 원시생태의 땅을 보존하기 위해서도 필요했고 이를 통해 건축이란 잠시 땅을 빌려 쓰는 장치라는 생각을 전하고도 싶었다. 물가와 산림을 마주하는 두 가지 기본적 주거형식이 만들어진다. 수변형(water-front)과 수목형(forest-front). 이 두 형식 모두 마치 바람을 받아 내뿜는 통로의 역할을 수행하기 위하여 내부는 원룸처럼 오픈되어 있다. 집과 집 사이의 비어 있는 기다란 공간도 그 역할을 수행한다. 필시 바람은 속도를 바꾸며 이 그늘진 공간들을 통과할 게 틀림없으니 쾌적한 환경을 기대해도 좋았다. 건축주는 이 제안을 받자마자 실시도면이 완성되기 전에 이미 땅을 파는 북새통을 이루더니 놀랍게도 그 다음 해 봄, 보아오포럼이 여기서 열리는 것을 목격해야 했다. 팔 개월 만에 한 마을이 생겨난 것이다. 기적이었다.

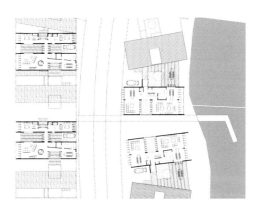

노헌 蘆軒
경기도 양평
2002

노헌(蘆軒)은 웰콤의 박 사장이 건축주이다. 웰콤 사옥을 지을 때 그는 이미 이 노헌 부지 옆에 있던 집을 개조하여 사용하던 터였다. 주변이 개발의 붐을 타고 분양하는 집을 지을 조짐이 보이자 그 몰골들을 염려하여 그 땅들을 구입한 후 멀쩡한 대지를 자작나무 숲으로 조성하고 있었다. 그러다 노헌의 땅까지 구입하게 되는데 이미 이 땅 위에는 검붉은 벽돌로 육중하게 지은 집 두 채가 나란히 있었으며 넓은 땅에는 양잔디가 곱게 가꾸어져 있었다. 졸지에 넓은 땅을 가지게 된 그는 본인이 기거하는 집과 인접하여 게스트 하우스 몇 채를 지을 계획을 세웠다. 건축에 대한 기호가 그리 다르지 않았던 우리는 새로운 집의 풍경에 대해 쉽게 뜻이 일치하였다. 양잔디 대신 은빛 억새풀이 무성한 풍경일 것, 억새풀 너머는 울창한 자작나무 숲이며 집은 그 숲 속에 누일 것. 집 자체보다는 이 땅의 풍광을 어떻게 만들 것인가에 대한 의견이 오랫동안 교환되었다.

이백 미터 가까운 길이의 땅 위에 전개되는 억새풀과 자작나무 숲의 크기를 고려하여 폭 사 미터 팔십 센티, 길이 삼십육 미터의 나무통을 그렸다. 홍수가 되면 때때로 평상시 지면보다 이삼 미터 높이 위로 강물이 범람할 수 있는 것을 고려하여 주층은 위에 두고 아래는 되도록 작업실이나 창고 등을 두었다. 집 앞에 작은 문방을 하나 둔 까닭은 집과 문방 사이에 생겨나는 적당한 긴장감에 대한 기대도 있었지만 집에서 보는 바깥 풍경 때문이기도 하다. 건축주가 강 건너에 펼쳐진 조악한 상업건물들의 풍경을 거르기 위해 심은 울창한 자작나무 숲은 티타늄으로 마감한 수평지붕의 은빛과 조화를 이룬다. 강 건너에서야 은빛의 수평지붕을 가진 이 집의 전모가 겨우 보인다. 보이는 집이 아니라 풍경을 보는 집을 그린 까닭이다.

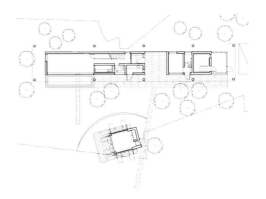

닥터박 갤러리

경기도 양평

2003

남한강변의 노헌 설계가 거의 끝나 가던 무렵에 의뢰받은 강 건너 땅의 미술관 프로젝트였다. 만약에 성공적으로 이 두 프로젝트가 완성된다면, 그래서 이 세기말의 유희와 방종에 탐닉하는 강변 풍경에 적당한 긴장을 조성하게 된다면, 이 강을 위로할 수 있지 않을까 하는 순진한 생각을 가졌었다. 건축주는 내과 의사인데 오래전부터 미술품을 수집하게 되어 컬렉터로서도 명성을 쌓은 분이었다.

주거시설도 같이 짓는 이 미술관의 땅은 빠른 속도로 질주하는 차량이 많은 도로와 강 사이에 있어 도로에 무방비로 노출되어 있었다. 이 좁고 긴 땅은 국도가 휘어서 돌아가는 곳에 위치한 까닭에 긴박하게 접근하는 차량들에 건축물이 급작스레 나타나곤 한다. 속도를 줄여 이 건축의 광경을 받아들일 준비를 하게 하는 반복적 장치가 필요했다. 강과 도로가 가지는 법규제한으로 상당 부분이 불과 육 미터 폭의 건물밖에 지을 수 없게 되어 있었다. 또한 이런 긴 땅을 단일 건물로 채워 강의 풍경을 독점하는 것은 좋지 못하다. 적어도 건축을 통해 강변이 더욱 아름답게 보여야 한다. 이런 이유로 전체 매스는 주거시설과 미술관 두 부분으로 나누고, 미술관도 몇 개로 다시 분절하여 그 사이에 놓이는 적절한 간격의 공간으로 강과 도로와의 소통을 담당케 하였다. 이 분절된 매스들이 모여서 일단의 풍경을 만든다. 강이 흐르는 방향으로 긴 평행선을 갖지만 서로는 불규칙한 절단면을 단부로 가지면서 어긋난다. 어긋난 매스와 그 사이에 흐르는 공간, 사물들 그리고 건너의 유장한 물길, 이들이 만드는 특별한 풍경이 질주하려던 차량의 속도를 줄이게 할 것이다. 이 매스들의 마감재는 내후성 강판이다. 푸른 산과 물을 배경으로 암적색의 매스는 아름다운 조화를 만든다. 몇 개의 녹슨 철덩이가 만드는 예각의 풍경은, 참을 수 없이 가벼운 우리 시대 풍경에 다시 중심추로 그 무게감을 강제해야 한다는 강박관념에서 추출된 것인지도 모른다. 강 건너에서 이들을 보면 역광일 수밖에 없어, 건축의 형태 구성보다는 매스감의 강조가 이 땅을 인식하는 데 더욱 도움이 될 것이라는 생각도 있었다. 그래도 폭풍처럼 몰려오는 천민상업주의의 비열함은 여전히 기세등등하여 이내 나의 무기력함을 처절히 실감해야 했다.

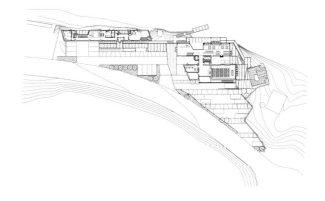

쇳대박물관

서울

2002

유학을 가르치던 숭교방(崇教坊)의 동쪽에 있는 동네라 하여 이름 붙여진 동숭동은 동촌으로 불린 주거지였으며 서울대학교 본부 캠퍼스가 있던 곳이다. 1975년 서울대학교가 이전되면서 전체 부지는 일반에게 백 평 단위로 분양되어 새로운 주거단지로 계획된다. 현재의 아르코미술관과 몇 문화시설들이 이 지역에 들어서면서 한때 매력적인 문화지대를 꿈꾸었으나 자본주의의 욕망은 이를 비켜가지 않았다. 일 년에 열 배가 오르는 땅값은 주거지를 유흥적 상업시설로 변모시켰고, 높은 임대료를 견디지 못하는 화랑과 책방들은 이곳을 떠날 수밖에 없었다. 멀쩡하던 건물이 하루아침에 멕시코풍 혹은 가우디(A. Gaudi)를 흉내 내고 디즈니랜드의 요술성을 옮겨 오는 등, 천민상업주의가 패권을 잡으며 급기야 도시의 윤리를 잃고 말았다. 그나마 미술관과 공연장으로 둘러싸인 마로니에공원이 있어 숨통을 터놓는다. 이 공원의 뒤편 길가에 부지가 있었다. 이 땅은 본래 서울대학교 캠퍼스 밖의 땅이며 뒤편에는 질박한 단독주택들이 경사를 타고 오르다 낙산과 만나게 된다.

건축주는 오랫동안 수준 높은 건축 하드웨어를 제작해 온 명장이며 그는 그의 직업에 걸맞게 대단히 많은 자물쇠를 수집해 온 터라 이를 전시할 쇳대박물관을 이 건축 속에 넣고자 했다. 한국에 유일한 곳이 될 이 박물관 외에도 건축주의 주거와 문화적 이벤트를 열 수 있는 공간, 이 건물을 유지할 수 있는 수익이 나올 음식점 및 디자인 숍이 이 건축의 프로그램이었다. 이 밀집한 곳, 헤아릴 수 없이 많은 양식들, 어지러운 간판, 그 위로 지나가는 전선과 전신주들, 어디 하나 진정성을 찾지 못하는 이곳은 무게가 필요했다. 단순해야 중력의 힘이 더할 것이다. 창도 없고 장식도 없으며 오로지 철의 무게만 도로변에 놓고 주위와 대립시켰다. 이 악다구니하는 풍경 속에 긴장을 유발하는 네거티브한 비움이다. 그러나 그 속은 밝고 맑다.

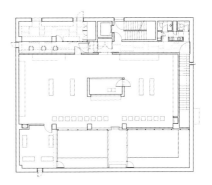

휴맥스 빌리지

경기도 성남
2002

일세대 벤처기업의 선두 주자인 휴맥스의 구성원들은 젊은 연령들이며 그만큼 미래에 대한 기대와 도전을 즐기는 집단이다. 관성을 거부하고 진취적이며 부단히 새로움을 찾는 이들에게 기존의 오피스 계획 각론은 철 지난 교과서였다. 새로운 오피스. 이는 주어진 도시와의 접점에서 그 실마리가 생겼다. 땅은 분당의 중심부에 등뼈 같은 축이 구부러지는 곳에서 탄천과 마주하는 경계 부분에 있었다. 주변에 솟아 있는 건물들 모두가 분당을 탄천과 그 너머의 자연으로부터 고립시키는 블랙박스 형태이다. 거의 마지막으로 남은 이 땅이 유일한 탈출구였다. 그래서 도시풍경과 주변의 자연풍경을 매개하는 틀로서 투명한 건축이 필요했다. 이 건축이 투명해야 할 보다 중요한 이유는 휴맥스가 지향하는 사회는 열린 공동체이며 그렇게 사는 모습을 노출하는 것이 선한 영향을 주기 때문이다. 이 열린 사회의 공동성을 확보하는 일은 내부공간에서 만들어진다. 한 층의 깊이가 큰 내부공간 가운데에 마당을 만들어 하늘로 뚫었다. 열세 개 층을 관통하는 이 마당은 각 층별로 서로 다른 공간 구조를 가지지만 수직적으로 연결된다. 야곱의 사다리 같은 계단과 타임머신 같은 엘리베이터가 그들을 연결한다. 때로는 외부로, 때로는 내부로 더러는 작은 공원으로 또는 작은 광장으로 다른 모습을 가지는 이곳은 휴맥스 공동체의 정체성을 만드는 데 가장 중요한 부분이다. 외부를 내부화했지만 광장과 간선도로, 사잇길과 막다른 길이 내부에 있어 마치 도시와 같은 조직을 가진다. 물론 공원도 있고 나무와 풀도 내부에서 자란다. 비와 눈이 내부공간 속으로 내리며 밝은 햇살도 내부 깊이 떨어지게 된다. 비단 이천 명의 인구가 상주하는 크기 때문이 아니라, 임시 사회인 오피스 빌딩의 생활이 젊은 시절의 참 아름답고 선한 기억으로 남기 위해, 이 건축은 하나의 건물이 아니라 하나의 공동체 마을이다. 그래서 이 건축을 '휴맥스 빌리지'라고 이름지었다.

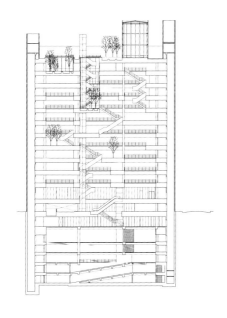

차오웨이朝外 소호

중국 베이징
2005

2000년대초 베이징은 현대도시로서의 면모를 갖추기 위해 도시 중앙을 동서로 가로지르는 장안대로와 도시경계를 돌던 삼환로의 교차점 구역을 시비디(CBD)라는 이름으로 야심적으로 개발하고 있었다. 이 프로젝트는 이 시비디 구역 북서쪽 모퉁이에 위치한다. 개발업체인 소호 차이나는 단 이 주의 기간만을 제공하며 현상공모를 열었다. 세계 최고 수준의 건축가들도 수락한 이 기간을 안 된다고 할 수 없는 노릇이었다. 베이징 성문 밖 육천 평이 넘는 땅이니 농경지로 사용되었거나 성문 밖 이들을 위한 시설이 있었을 게지만 오래전부터 관공서 용지로 사용되었고 비어 있었다. 시비디의 마스터플랜을 보면 이 땅 옆으로 전체구역을 관통하는 녹지대가 지나간다. 이 녹지대와 땅이 이웃한 교차로를 연결하는 일이 이 프로젝트를 도시 속에 자리잡기 위해서 가장 우선적이고 긴요하였다. 그래서 땅 한가운데에 선형(線形)의 광장을 가로지르게 하고 바자(Bazaar)라고 이름했다. 도시적 행위를 기대한 이름이다. 이를 중심으로 양편에 베이징의 골목길, 후통(胡同)을 은유하는 작은 길들을 직교시키고 그 사이에 가로변 상가를 만들어 다시 도시의 길들과 연결한다. 대단히 큰 블록이어서 이 속의 공동체를 형성하기 위해 전체 부지를 따라 띠로 된 공간을 토루(土樓)처럼 두르고 내부에는 스튜디오형의 사무공간이 있게 했다. 토루 안 저층부 옥상에는 공원을 두어 이 공동체의 휴식과 축제를 위한 공간으로 쓴다. 그리고 모자라는 사무공간은 마치 이 공동체를 지키는 망루처럼 솟아오른다. 결과적으로 여기에는 대단히 많은 광장과 다양한 마당들, 여러 공원들과 수없는 길들과 공중가로들이 있고 이들은 모두에게 공유된다. 그러니 마치 하나의 작은 도시처럼 이곳의 삶은 풍부하고 다양할 수밖에 없다. 이 프로젝트를 '작은 베이징'이라고 이름했다. 짧은 기간, 폭풍 속에 작업한 이 건축은 다행히 선택되어 베이징 속의 작은 도시가 실현되었다.

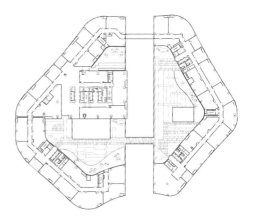

대전대학교 천안한방병원

충청남도 천안

2003

천안한방병원은 한방의 진료 및 치유가 주된 목적인 만큼 양방병원과는 다른 공간이다. 장기 입원하는 노년의 환자나 거동이 불편한 환자들에 대한 배려가 중요한 이슈가 된다. 이들은 동병상련의 심정을 서로에 대해 갖고 있으며 오랜 기간을 입원해야 하는 만큼 입원병동은 한시적이지만 이들의 공동체이다. 따라서 병렬로 된 선형의 입원실이 아니라, 공간을 공유하는 공동주거형식이 맞는 곳이다. 여기에는 공동체 정신을 고양할 마당과 걷고 산책할 수 있는 길, 쉴 수 있는 녹지가 있어야 하며, 석양을 보는 즐거움도 있어야 함을 현장의 관찰에서 알게 되었다.

이 병원은 천안시의 외곽에 위치하지만 투기열풍에 휩싸인 도시팽창이 이 부근까지 개발지역으로 묶어 엄청난 변화를 앞두고 있었다. 건너편의 절단된 산이 그나마 녹지의 언덕을 유지하고 있어 밀려오는 상업주의 건물들을 적절히 방어하고 있으나, 인접해 오는 각종 러브호텔과 술집들의 현란한 광고판과 추잡한 형태의 풍경이 이 병원을 위협했다. 또한 질주하는 차량의 위세 또한 만만한 게 아니어서 안정된 내부 분위기를 견지하기 위해서는 공간의 켜를 몇 겹으로 세워 진을 칠 필요가 있었다. 따라서 사이 공간은 공공영역으로 설정되며 반외부공간의 형식을 갖는다. 건너편 산의 녹지는 테라스로 건너와 병원 거주자들의 좋은 공원이 되어 이로써 병원의 녹지가 무한 확장될 가능성이 농후하다. 외장재로 사용된 현무암은 한방병원으로 연상되는 동양적 질감 및 색감을 고려할 때 자연스러웠다. 불규칙한 창문 배열과 현무암의 선이 만드는 리드미컬한 패턴은 간선도로의 속도감과 관련되어 적절한 선택으로 받아들여졌다.

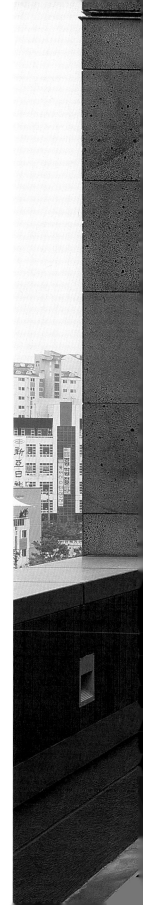

디엠지DMZ 평화생명동산

강원도 인제
2006

디엠지 평화생명동산. 이 특별한 이름은 '생명의 열쇠로 평화를 연다'라는 슬로건을 가진 한 사단법인의 이름이다. 즉 비무장지대라는 전쟁이 남긴 상처가 역설적으로 생명복원의 현장이 되어 가는 사실을 통해, 대결의 시대를 성찰하고 생명의 존엄성을 사유하는 운동을 전개할 목적으로 설립된 단체이다. 뜻있는 시대의 시민운동가와 지식인들이 주축을 이루었고 강원도에서 전폭적으로 지원하여 이 단체가 발족되고 프로젝트가 성립되게 되었다. 비무장지대의 답사를 위한 전진기지 역할을 하지만, 강의와 세미나 그리고 명상을 중요 프로그램으로 구성하고 생명운동을 실천하기 위해 농경적 활동도 포함한다. 그러니 시설물 자체가 자연과 밀접한 관계를 가질 것을 요구하였다. 자연에 적대적이거나 지배하는 듯한 풍경은 애초에 금기사항이었다.

대지는 접경지역인 인제군에서도 비무장지대에 가까운 지역의 야산이다. 이 산은 서쪽으로 열려 있는 분지를 중간지대에 형성하고 있다. 건축이 거의 없는 이곳에 처음으로 태어나는 건축은 매개체로서 존재하는 게 마땅했다. 현대문명의 상징인 도로와 자연 사이에서 인공화된 자연, 자연화된 인공구조물이면 가능할 것으로 판단되었다. 땅은 이십오 미터의 고저 차이를 가지며 가운데 분지처럼 형성된 곳에 주된 시설이 들어서게 된다. 따라서 도로에서 보면 건물과 마당과 길들이 있는 마을처럼 나타나지만 건물 사이의 빈 틈으로 오르다 보면 이내 건물은 사라지고 그 흔적과 자연의 풍경만 남는다. 건물도 한쪽 면은 기억을 담아내는 내후성 강판이며 다른 면은 흙으로 쌓았다. 그렇게 땅과 건축은 한 몸이 되어 있으니 이 집은 땅의 건축, 풍경의 건축으로 읽힐 수 있다.

구덕교회

부산

2006

교회라는 말은 라틴어 '에클레시아(ecclesia)'에 어원을 두고 있는데, 부름을 받은 사람들의 모임이라는 뜻이다. 그러니 교회라는 단어는 건축물을 지칭하는 게 아니다. 교회의 원형은 원래 존재하지 않았다. 예수가 복음을 전한 장소는 갈릴리 해변가 혹은 산상이었으니 거기에서 이뤄진 모임이 진정한 교회의 의미라고 할 수 있다. 부름을 받은 이들이 모이는 장소인 교회건축이 가져야 할 첫째 목표는 경건성의 확보이다. 이는 세속과 구별되었다는 뜻이며 그 장소는 구별된 사람들을 위한 시설인 만큼 신이 아니라 먼저 사람에게 감동을 주어야 한다. 기독교의 신은 무소부재한 존재여서 교회당 안에만 존재할 리가 없다. 따라서 교회에만 신이 있다고 믿어 교회당 내부를 신전처럼 꾸미는 일은 기독교의 정신에 위배될지도 모른다. 인간은 원죄를 안고 태어난다. 예수의 죽음으로 구원받았지만 사는 동안 악령의 유혹에 늘 사로잡혀 있는 존재다. 이를 성령의 힘으로 기독교도로서 올바른 삶을 일구기 위해 끊임없이 스스로를 성찰하며 닦는 일이 기독교의 종교생활이다. 그러니 이를 위한 시설인 교회건축이 정한 시간에 거행하는 예배의식을 위한 시설로서만 있는 것도 교회의 본질이 아니다. 누구든지 스스로의 영혼을 닦고 싶을 때 침묵 속에 신의 은총을 구하며 스스로와 대면할 수 있는 순간이 최고의 종교적 삶이며 이를 이루게 하는 시설이 참다운 교회건축이다. 어쩌면 교회건축은 특별한 형태가 아니라 기독교인 스스로가 교회적일 때, 그때의 공간이 교회건축이라고 할 수 있다. 이 땅에 있는 육만 개의 교회들이 다 교회적인가. 의문이 들 수밖에 없다.

구덕교회는 내게 특별하다. 나는 이 구덕교회에서 태어나고 자랐다. 대학 진학으로 서울로 가게 되면서 이곳을 떠났지만 이 교회의 기억은 내 삶의 바탕이었다. 교회당에 오르는 길, 골목길과 마당, 그 안의 무화과나무, 목조의 바닥, 종탑의 풍경들이 박제되어 남은 기억은 늘 나를 다독였다. 이 프로젝트는 그 기억의 편린들을 사십 년 만에 다시 끄집어내어 재구축한 작업이다.

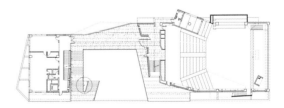

조계종 전통불교문화원

충청남도 공주

2007

불교건축은 현대건축에서 거의 공백으로 기록되어 있다. 그 까닭으로는 조선시대의 숭유배불정책의 사유가 크긴 하지만 현대에 이르러서도 불교계의 옛것에 대한 과도한 집착이 큰 원인이며, 이는 대중화와 시대화를 역행한 것이니 오히려 불교의 본질에서 어긋나 있는 것 아닐까. 그래서 이 프로젝트의 건축가로 나를 선택하느냐 마느냐는 그 타성에서 벗어나느냐 마느냐 하는 꽤 중요한 순간이었다. 힘든 과정을 지내면서 조계종의 지도자들은 진보를 택하고 이 건축을 받아들였다. 나는 불교건축으로부터 비움에 관한 건축의 지혜를 수도 없이 배웠다. 그렇게 불교건축의 지향점은 비움이며 그 자체가 불교적 본질이었다. 그래서 비움은 어떤 조건에서도 이 건축의 중요한 개념이 되어야 했다.

마곡사(麻谷寺)에서 개천을 따라 일 킬로미터 떨어진 대지의 모양은 이 물결이 휘돌아가며 만든 분지 형태. 방주형의 땅이라고 어느 스님이 일러 주었다. 이 땅은 설계 전에 이미 조선시대 기와가마 터가 다량으로 발굴된 까닭에 가운데 많은 부분이 건축 금지지역으로 고시되었다. 불교계로서는 불행하게 여기는 분위기였지만 나로선 오히려 다행이었다. 그로써 대지의 중앙을 크게 비울 수 있었다. 이 강제적 비움을 중심으로 대단히 많은 마당들이 도출된다. 이곳저곳에 배치된 마당들은 스스로 존재방식을 가지고 독립하며 때로는 서로 연결되면서 주변의 아름다운 풍경과 거주의 흔적을 담는다. 건축은 그들을 한정할 뿐이다. 땅의 조건에 맞추어 산개되며 전체 시설이 배열되었지만 이 시설들을 엮는 느슨한 축선이 하나 있다. 그 축은 계곡 사이의 허공을 향해 나아가니 쳐다보아야 할 대상도 빈 곳이다. 이 건축에 쓰인 재료는 나무와 돌과 흙이다. 결국은 모두 땅으로 스며들어 사라지는 것들이다. 남는 것은 비움이다.

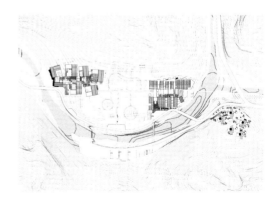

추사관秋史館

제주도

2008

제주도가 우리에게 없었다면 우린 참 답답한 땅에서 살고 있었을 게다. 아름다운 오름과 구릉들, 투명한 바다와 짙은 현무암, 빛나는 색채의 꽃과 나무들…. 이 이국적 정취는 오래전부터 우리에게 이 땅을 피안의 세계로 삼게 하여 동경하게 했다. 요즘은 중국인까지 몰려들어 북새통이다. 그러나 이 아름다운 풍광의 뒤편에는 슬픈 역사가 굵게 새겨져 있음을 알아야 한다. 제주는 수백 년 전부터 육지의 부속영토로서 수탈당해야 했고 이민족 몽골과 일본의 침략은 곳곳에 생채기를 남겼으며 좌우의 이념 갈등이 촉발한 비극은 아직도 얼룩으로 남아 있다. 또한 가장 험한 유형지였던 제주는 유배인들의 한이 일군 유배문화가 깊이 배어 있는 곳이다. 추사(秋史) 김정희(金正喜, 1786-1856)는 그 유배의 중심인물이었다. 조선 말기 최고의 지성이었던 추사는 팔 년간의 제주 유배생활이 던져 준 고독을 통해 자신을 최고의 예술적 경지로 몰아갔다. 송곳으로 찍은 듯한 글씨는 그런 고독의 산물이었다.

그런 그를 기념하는 건축이라면 어설픈 욕망을 모두 제거하며 짓는 게 마땅하다. 더구나 주어진 땅은 대정성벽을 이웃하고 있으며, 성내 마을은 작은 단위의 질박한 가옥들이 집합하여 만든 소담스러운 풍경이다. 지어야 하는 삼백오십 평의 연면적이 여기서는 작은 규모가 아니었다. 자칫하면 모든 균형을 깨뜨릴 게 분명하였다. 보이지 않는 건축을 만드는 게 우선이다. 그래서 지하에 거의 모든 볼륨을 두고 지상에는 이 기념관을 될수록 작고 단순한 건물로 나타나는 것이 온당하였다. 지하의 공간이지만 선큰 마당을 통해 채광과 환기를 가능하게 한다. 전시관람을 다 마치면 위로 뚫린 공간에 다다르는데, 계단을 타고 오르면 모든 것이 비어 침묵만 남은 공간 속에서 추사와 스스로를 대면케 한다. 관광의 본 뜻은 빛을 보는 것이니…. 대단한 건물이 들어설 것을 기대한 주민들은 박공지붕에 나무로 마감되어 나타난 이 흔해 보이는 건축에 실망하여 감자창고라고 빈정댄다고 듣게 되었다. 나는 주민들을 직접 만나 감자창고라는 이름이 내게 자랑스러운 이유를 추사의 삶과 더불어 설명하였다. 이 건축은 감자창고여야 했다.

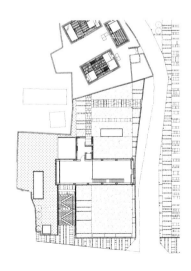

대장골 주거단지 계획

경기도 화성
2006

르 코르뷔지에(Le Corbusier)가 주도한 이십세기의 새로운 도시에 대해 앙리 르페브르(Henri Lefebvre)는 "이렇게 철저히 프로그램화된 거주기계에서는 모험도 낭만도 없으며, 우리 모두를 구획하고 분리하여 서로에게 멀어지게 한다"며 질타했다. 모두가 다른 땅, 다른 삶이었는데 표준적 모형, 표준적 지침을 강제하여 천편일률의 풍경으로 만들어 지역적 정체성이 소멸한 것을 비판한 것이었다. 프랑수아 아셰(François Ascher)는 '메타폴리스(metapolis)'라는 개념을 이야기하며 성장과 팽창에 주도된 '메트로폴리스(metropolis)'를 극복하고 현실적 삶에 기반을 둔 다중적이고 복합적이며 독립적인 공간으로 구성된 현대적 도시공동체를 만들자고 주장했다. 느슨함과 불확실성, 결합과 연대, 생태와 환경, 생성과 변화 등은 중요한 키워드가 된다.

한 명 혹은 소수로 생산을 하는 창조적 전문가 집단을 주 대상으로 삼천 세대, 만 명의 인구를 가지는 이 마을은 도시와 시골을 결합한 공동체이며 노인세대와 아들세대가 공존하며 몇 세대에 걸친 정주를 목표로 한다. 서울에서 남쪽으로 불과 십오 킬로미터 떨어진 곳, 오십여 가구가 경작하며 살았던 삼십만 평의 부지는 완만한 계곡 속에 몇 개의 다른 풍경을 만드는 소계곡으로 나뉘어져 있다. 도시 패턴은 지형의 영향을 받아 나뭇가지형이 되어 마치 손가락처럼 자연과 도시가 서로 긴밀히 관입하며 결합된다. 이미 존재했던 마을 공간구조, 물길이나 골목길, 놀이터 등의 위치를 고려하여, 전체 마을 구조를 녹지(green network), 물길(blue network), 차량(red network), 자전거(silver network), 보행(yellow network) 등으로 구분한다. 서로 다른 궤적을 가지는 이 선들이 엮이면서 만들어지는 결절점마다 모임장소, 자전거 주차장, 가게, 화랑, 책방 같은 공공시설을 두어, 작지만 다양한 도시 문화활동을 위한 거점으로 삼는다. 그러나 새로운 공동체의 등장, 곧 우리 사회에 대한 개혁으로 기대를 모았던 이 프로젝트는 공고 직전 부동산 투기꾼들에 의해 그 계획이 유출되어 중단되고 말았다.

협력 설계: 민현식, 이종호, 김영준

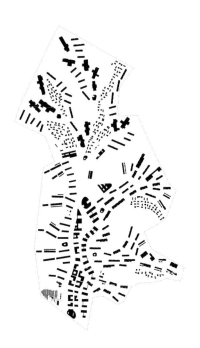

베이징 첸먼다제前門大街
역사지구보존재개발계획
중국 베이징

2008

베이징 자금성(紫禁城)의 배치축은 이 도시 배치의 주축일 뿐 아니라 중국인들의 정신적 축이며 국가의 상징축이다. 이 축선 위에 놓인 '첸먼다제(前門大街)'는 황제가 천단(天壇)에 제사를 지내기 위해 지나가는 길로 '천자의 길'이라고 불렸으며 이 축은 도시확장을 통하여 자금성 북쪽의 올림픽 공원까지 연장되었다. 이 첸먼다제 일대는 베이징의 역사와 기록을 같이한다. 자금성을 출입하기 위한 거점으로서 이 지역은 예부터 지방 현들의 출장관리나 유학생들이 자기네 전통적 풍습을 유지하면서 거처를 형성한 곳으로, 베이징 고유의 건축형식뿐 아니라 그 해당지역의 건축형식도 존재한다. 길이 팔백 미터의 대로를 포함하여 동편 칠만 평에 이르는 지역이 대상 구역이었다. 중국 전통가옥 사합원(四合院)도 아직 남아 있지만 대부분은 민국시대(民國時代) 이후 변형된 주거구조를 가지고 있었고 일부는 근대화 과정에서 파괴되어 양식 건물이 들어서 있었다. 지난 몇 년 사이 도시풍경을 천지개벽하듯 바꾼 베이징은 그 개발과정에서 수많은 전통적 주거지역을 사라지게 하였으나, 이 계획지역은 지정학적으로도 반드시 전통적 풍모를 보전해야 할 이유가 큰 이 지역만큼은 엄격한 도시계획 규정을 만들어 놓고 있었다.

주민들은 이미 소개(疏開)되어 현장은 폐허처럼 남았다. 이곳의 전통가옥을 민국시대 이후 여러 세대가 거주하여 변형시킨 그 공간구조들은 대단히 다양하고 고유했다. 기다랗거나 좁다랗고, 깊거나 잘록했으며, 끊임없이 이어지거나 불현듯 막혔다. 공간형식의 보고였고 지혜였으며 그 자체가 다큐멘터리였고 드라마였다. 강렬한 지문(地文)의 흔적이었다. 우선 전체 조직을 분석하여 네 가지의 도시유형으로 구분했다. 변형된 사합원의 공간조직인 미로형(labyrinth)과, 새로운 프로그램을 수용한 바코드형(bar-code), 전통주거로 다시 복원될 수 있는 영역형(precinct), 그리고 첸먼다제 변에 집단화되어 있는 어반 매스(urban mass)이다. 이를 토대로 그린 새로운 배치도는 이미 익숙한 그림으로 보였고 이를 원래의 배치도와 겹치면 많은 영역이 백색으로 나타나 기존의 공간조직이 많이 보전되었음을 알 수 있다. 멸실되는 기존 조직은 바닥에라도 그 공간의 패턴이 새겨지도록 하였다. 이 새로운 배치도는 사실 백지상태에서는 그릴 수 없는 것이다. 마치 오래된 양피지(palimpsest)처럼 이미 씌어진 글 위에 내가 가진 생각을 덧대어 적은 결과이다. 그러므로 나 혼자였으면 엄두도 못 내었을 공간적 풍부함이 만들어질 수 있었다.

우선적으로 서둘러서 완공해야 했던 대로변의 건축은 민국시대의 건축을 재현하는 일이었으므로 나는 그 일에서 제외되었다. 그러곤 베이징 올림픽에서 마라톤경기가 첸먼다제를 통과한 후 이 프로젝트는 다른 이들의 손에 넘어가 결국 계획은 대폭 수정되고 만다.

교보파주센터

경기도 파주

2007

이 프로젝트는, 장소가 갖는 특성에 바탕을 둔 파주출판도시의 설계지침을 고스란히 따라야 할 뿐 아니라, 거의 가장 늦게 지어지는 바람에 이미 들어선 다른 건축들의 배치상황을 또 다른 조건으로 받아들여야 했다. 특히 이 필지 가운데로 전체 도시를 가로지르는 선형(線形) 녹지가 놓이는 바람에 전체는 두 부분으로 먼저 나눌 수밖에 없다. 설계지침에서 규정한 건물의 유형인 '서가 유형(bookshelf unit)'은 앞뒤 건물의 거주자들을 위한 시각통로를 가로막는 건물의 형식을 금하며 한 건물이라도 분절을 요구한다. 이는 공동성이 중요한 이 도시의 목표인 것을 감안하면 엄중한 조건이었다. 또한 십 미터 도로 건너 작은 필지들이 만든 시각적 통로까지 이어주면서 또 분절하게 되었다. 따라서 하나의 건물이지만 일곱 개의 박스가 생길 수밖에 없었다. 길게 반복되어 지루해질 염려가 있는 이 일곱 개의 박스가 오히려 도시 가로의 리듬감을 고취하도록 크기와 층고를 조절하고 형태의 뒤틀림까지 만들었다. 결과적으로는 다양한 크기의 내부공간이 만들어져 내부에서도 서로 다른 공간을 가지게 된다. 기능적으로 하나의 평면이 필요한 저층부는 포디엄으로 설정하고 유리로 마감하여 상부에 얹은 현무암 매스의 중량감을 덜게 한다. 한강과 심학산의 풍경이 이 건축 안으로 수시로 넘나든다. 이 건축을 만든 근본은, 많은 이들이 오랜 시간 숙의하며 합의한 이 도시의 목표인 공동성을 위한 선한 규약이다.

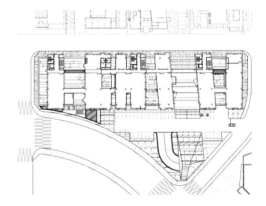

대전대학교 삼십 주년 기념관

대전

2008

설립 삼십 주년을 맞는 대전대학교가 야심차게 기획하며 실현해 온 캠퍼스 종합계획의 정점에 해당되는 프로젝트였다. 그래서 마스터플랜에서는 트윈타워 형식의 상징성을 요구하고 있었다. 대지는 도서관을 짓기 위해 절개하고 남은 곳에 위치한다. 도서관의 후면인 이곳은 마스터플랜에 의하면 서문으로부터 강력한 축을 형성시키는 장소이며, 이곳을 통해 남문으로 시작되는 보행전용 도로와 접속이 되면 전체를 관통하는 캠퍼스 스파인(campus spine)을 만들 수 있는 요지다. 남측에 위치한 절개된 산은 이미 나무들이 뒤덮었지만 아직도 아프게 보였고, 그 경사마저 어색하여 치유되어야 했다. 트윈타워는 이 땅이 요구하는 형식의 건축이 아니었다. 더구나 보편적 가치(universality)를 추구하는 대학이 특별한 상징에 얽매여 고정된다는 것은 대학의 기본개념을 거스르는 일이며 주변을 압도하는 타워의 형식은 자유로운 민주사회의 형성을 목표하는 대학의 본질적 속성에도 어긋나는 일이 아닐까 생각했다.

나는 건축을 통해 지형을 회복하고자 하였다. 따라서 주어진 프로그램을 분석하여 여러 개의 단위조직을 만들어 이 매스들을 원래의 지형을 유추하면서 배열하였다. 그리고 마스터플랜에서 제시된 서문광장에서 시작되는 경사 진입로를 건물의 내부로 끌어들여서 마치 계곡처럼 만들었다. 이 계곡은 이 건축의 가장 번잡한 장소가 되어 나뉘어 있는 두 부분들을 위와 아래에서 연결시킴으로써 변화무쌍한 풍경을 이룬다. 건물의 옥상은 늘 새로운 땅이며, 분절된 매스 사이의 깊은 마당들과 끊임없이 연결된다. 간혹 둥글고 네모진 볼륨들이 옥상 위를 점거하게 되어 그 내부공간에 대한 호기심과 더러는 의혹을 야기시킬지도 모른다. 물론 여기서도 건물의 형태는 중요한 것이 아니다. 더 중요한 것은 우리의 잠재적 의지를 발동시켜 행동하게 하는 장소의 가치이다. 어떤 행위가 일어날지를 정확하게 예측하는 것은 불가능하다. 그러나 적어도 지적 낭만을 조장하고 보호해야 하는 대학사회인 한 그 결과는 낙관해도 좋을 것이다. 그래서 나는 여기서 주어진 프로그램이 없어도 적절한 크기와 위치의 장소들을 구축하는 일에 몰두하였으며 그 집합이 이 건축이 되었다.

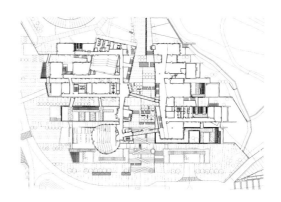

제문헌提文軒
광주
2010

광주비엔날레 지원센터인 이 프로젝트는 광주비엔날레의 영역과 호수공원인 용봉제의 경계에 위치한다. 문화적 분위기를 기대하게 하는 이 비엔날레 시설들의 주변은 사실 비문화적이다. 고층의 아파트단지와 어지러운 상가는 급조된 도시의 변두리를 연상케 하며 거칠다. 따라서 이 새로운 건축을 통하여 조금이라도 비엔날레의 문화적 풍경이 만들어지는 게 과제였다. 매년 개최되는 국제적 문화행사인 비엔날레는 방문하는 이들과 참여하는 작가들이 만나고 헤어지는 중요한 기회이며 그들에게 이 건축과 비엔날레 전시장 사이에 놓인 광장은 그 기억을 유추하기 위한 가장 중요한 단서가 된다. 그러나 기존 광장은 전시장과 거친 주변 사이에 놓인 의미 없는 공간이었으며 수시로 경박한 풍경에 의해 침탈당하고 있었다. 새로운 건축은 이 광장의 든든한 배경이 되어야 했으므로 이 광장을 한정하고 보호하는 견고한 벽이 세워졌다. 광주비엔날레와 용봉제의 두 공간은 도시와 자연의 관계이다. 따라서 이 벽은 두 영역을 구분하기도 하면서 동시에 또한 둘을 연결한다. 서쪽 비엔날레 전시관을 향해 선 벽은 내부로 들어오는 서향 일사를 막기도 하지만, 늦은 오후 받는 일사로 인해 갈색의 콘크리트 표면은 더욱 빛난다.

이 벽의 안은 좀 복잡하다. 작은 마당이 있고 작은 공원이 있으며 골목길이 있어 거주하는 이들이 수시로 만나고 헤어지는데 그 방향이 시시때때로 틀어진다. 갈색의 벽 중간층 속으로 검은 박스를 비스듬한 각도로 진입시켜 공간의 경계를 바꾼 결과였다. 이 틀어진 검은 박스의 방향은 입구의 도로축에 맞추었으니 주변과의 접속은 자연스럽다. 또한 그 틀어진 매스 아래 공간과 이어진 야외공연장으로 인근 주민들이 수시로 건너와서 용봉제의 풍경을 즐길 수 있도록 했다. 그러면 문화를 표방하는 이 시설이 국제적인 행사뿐 아니라 주변의 일상을 풍요롭게 하기도 할 것이라고 여겼다. 그렇게 모든 이의 기억을 담아 문화를 이끄는 이 건축을 제문헌(提文軒)이라 이름했다.

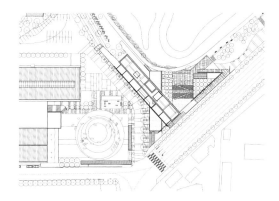

모헌 某軒

대구

2009

이 집은 건축주가 사십 년 동안 살아온 집의 부속채로 지어졌다. 게스트룸의 성격으로 쓰이는 침실 하나와 사랑채로 구성되는 이 작은 집은 특별한 정원을 갖는 게 전제였다. 정원이 중요하니 집 자체의 존재감을 드러내지 않아야 했지만 작은 면적 속에서도 다양하고 풍요로운 공간을 만드는 게 목표였다. 백평 남짓한 땅에 결국 네 개의 마당을 만들게 된다. 앞마당의 면적을 최대로 확보하기 위해 내부공간을 뒤로 물리되 이 공간도 두 개로 나누어 그 사이에 마당을 삽입한다. 식당으로 쓰이는 앞부분은 투명하게 하여 뒤쪽 침실에서도 정원이 보이게 했다. 그리고 그 사이 마당의 한쪽은 물로 채우고 다른 하나는 내려서 지하층까지 빛이 들어가도록 했다. 연결 통로에서 보이는 침실의 창 밖에는 굵은 대나무가 심겨져 있는 작은 마당이 보이게 하여 공간의 깊이와 풍요로움을 더했다. 결과적으로 앞의 정원, 식당, 사이 마당, 침실, 뒷마당, 이렇게 다섯 개 공간의 켜들이 이 작은 대지에 들어가게 되었다. 나무 패널의 가변 벽을 가진 투명한 식당 공간은 대지의 크기를 실제 이상으로 확대시키는 효능이 있었다. 그리고 대지 전체를 집의 높이와 같은 높이의 내후성 강판 담장으로 둘러 요외된 공간의 긴장을 극도로 높였다. 그리고 조경의 처분을 기다렸다.

정영선(鄭榮善) 선생의 조경은 상상을 뛰어넘었다. 정원의 면적을 극대화시킨다고 했지만 불과 구 미터 깊이의 오십 평 크기일 뿐이다. 그러니 검은 내후성 강판을 배경으로 몇 개의 굵은 흰 줄기의 나무들이 솟는 풍경을 상상할 뿐이었는데, 정 선생은 팥배나무를 그 작은 공간 속에 빽빽이 심고 바닥은 작고 거친 돌들로 가득 채웠다. 본채에서 이 정원 속으로, 내후성 강판 벽 앞에 직선의 길을 뚫고 화강석을 놓아 띄운 돌판을 밟으면 마치 엄청난 크기의 숲 속, 혹은 원시의 자연으로 빨려 들게 된다. 보잘것없이 여겼던 팥배나무는 현란한 붉은 색채를 뿌리며 정원을 채웠다. 건축은 없어지고 조경만 남는다.

전통 한실의 분위기가 농밀한 게스트 룸 대청에 앉아 들창을 열고 내다 보면 가운데 물의 정원과 그 너머, 투명한 식당 공간을 지나서 검은 내후성 강판으로 배경막을 친 돌의 정원이 이루는 풍경이 깊고 풍부하게 펼쳐진다. 건축이 스스로를 버린 결과일 게다. 집 이름을 모헌(某軒)이라고 정했다. 아무개 집. 부재의 아름다움이다.

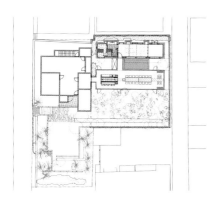

노무현 대통령 묘역

경상남도 김해

2009

노무현 대통령은 스스로를 늘 경계 밖으로 모는 이였다. 대통령 이전의 삶이 그러했으며, 최후의 순간도 그랬다. 심지어 국립묘지에도 가지 않겠다고 했으니 그의 모든 삶이 그렇다. 그러니 관습적인 묘역의 형태가 그에게 맞을 리가 없다. 묘역이란 죽은 자를 빌미로 산 자인 우리가 성찰하는 공간이다. 종묘의 월대(月臺). 산 자가 죽은 자를 불러 만나기 위해 평소에는 늘 비어 있는 공간. 이 광장적 형태의 묘역만큼 노 대통령의 묘역으로 적합한 게 없었다.

봉하마을이 끝나는 곳, 봉화산 아래에 삼각형의 논밭이 있었다. 부엉이바위가 여전히 엄정하게 솟은 곳, 그 바로 곁에 마을 냇가를 옆에 둔 천 평 정도의 이 땅은 두 개의 물줄기를 속에 가지고 있었다. 이 두 물줄기는 땅을 세 부분으로 나누어, 진입과 제례 그리고 묘소로 나눠지는 전통적 묘례의 형식에도 적격이다. 더구나 마을과 산을 이어주는 연결지점에 있으니 운명적인 장소였다. 홍수기 범람을 우려해서라도 전체 땅을 일 미터 오십 센티 들어올렸다. 땅을 드는 일은 일상의 공간을 떠나 특별한 공간에 오르게 하기 위해서 필요한 작업이다. 긴 변의 끝 경계 부분에는 곡장(曲墻) 형식의 육십 미터 벽을 내후성 강판으로 세워 전체 영역을 한정시키며 땅의 크기를 받았다. 초입부 꼭지면에 삼각형의 수반을 놓고 방문자의 마음을 씻게 한다. 이윽고 단을 오르면 펼쳐지는 마치 광활한 고원. 때에 따라 오르고 내리는 적절한 기울기를 갖는 전체 바닥을 거친 돌판으로 덮었다. 지문처럼 덮은 돌판들 사이를 가르는 직선들은 잘 다듬어진 작은 단위의 돌로 마감되는데, 돌마다 글자를 새긴다. 시민들이 쓴 비문 만오천 개를 받아 새겼다. 전체의 모양은, 사람 사는 세상을 꿈꾸었으니, 보통 사람들이 사는 어느 일반적인 마을 지도의 부분을 옮긴 것이다. 여기를 찾은 사람들은 너럭바위로 덮인 대통령의 묘소를 참배하는 과정을 마치고서도 대부분 곧장 돌아가지 않고 서성인다. 이 생소한 마을을 거닐면서 돌판에 새겨진 글들을 읽기도 하고, 물길을 건너고, 거친 표면을 지나며 돌의 고원 위에서 머문다. 이것은 바로 스스로를 위안하며 성찰하는 풍경이다. 바닥에 새겨진 돌들은 언젠가 발길들에 의해 사라질 것이지만 그 기억은 영원하다. 그래서 이 묘역을 '스스로 추방된 이들을 위한 풍경'이라고 이름했다.

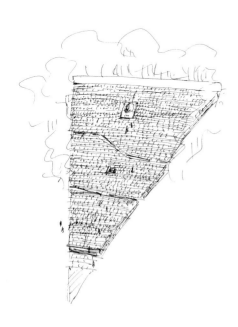

신동엽문학관
충청남도 부여
2009

"누가 하늘을 보았다 하는가 / 누가 구름 한 송이 없이 맑은 / 하늘을 보았다 하는가."

이 시를 쓴 신동엽(申東曄, 1930-1969)을 기념하는 문학관의 땅은 시인의 고향인 부여에 있으며 시인이 살아생전에 거처하던 가옥에 바로 붙어 있다. 원래 그 가옥은 세 칸의 초가였으나 슬레이트 지붕으로 바뀐 초라한 행색으로 오랫동안 남아 있어, 불화하는 시대의 삶을 산 시인의 슬픔을 닮아 있었다. '껍데기는 가라'며 우리의 불행한 시대를 향해 절규했던 이 시인을 기념하는 집은 시인을 기념하는 기능만 있는 게 아닐 게다. 시인을 통해 우리와 우리가 서 있는 땅을 기념하는 게 더욱 온당한 일 아닐까. 기념관의 동선을 따라 가다가 다시금 우리가 서 있는 자리에 오게 하는 방식, 그렇게 하여 다시 스스로를 발견하게 하는 공간을 구성하는 일이라 신동엽이라는 시인을 우리의 내면에 다시 안을 수 있을 것 같은 희망을 여기에 그렸다. 그래서 이 집은 순환구조의 동선을 가진다. 시인이 살던 집을 끼고 마당을 통해 안으로 들어가서 전시를 보고 나면 중정으로 자연스레 인도되는데, 이 중정에 놓인 편안한 계단을 오르면 새로운 땅들이 나타난다. 그 땅은 다른 레벨로 연결되면서 순환하다가 레벨이 낮아지면 일상의 지면으로 방문객을 인도한다. 방문객이 도달하는 곳은 임옥상(林玉相) 선생이 만든, 시인의 시어가 휘날리는 깃발들의 광장. 여기에 아름다운 언어는 허공에 흩뿌려지고 그 파편에 취하다 보면 어느새 내가 출발한 지점에 다시 도달하게 된다.

이 기념관의 건축은 그런 과정을 만드는 매개체일 뿐이니, 형태는 존재하지 않아야 옳다. 그래서 거친 콘크리트의 물성만 있을 뿐 스스로를 기념하지 않는 건축이다. 그게 껍데기를 질타한 시인에 대한 존경과 예의였다.

삼백육십도 지수화풍 地水花風
골프클럽하우스
경기도 여주
2009

'지수화풍(地水花風)'이라는 이름을 가진 이 골프장이 의미하는 바는 자연이다. 여기서 자연이란 도시 속 일상의 삶에서 소진된 힘을 다시 충전시켜 주는 원천자로서 그 뜻을 갖는다. 클럽하우스는 그 전환점으로 도시에서 자연으로 가는 관문이며 일상에서 비일상으로 바뀌는 매개적 공간이다. 그러니 그 두 개의 구분점이 혼재하게 되면서 드라마틱한 전이가 발생하는 장소이다. 더욱이 서로 모르는 많은 이들이 같은 시간에 함께하는 이곳은 익명을 전제하는 공동체여서 일개 건물이 아니라 이미 마을의 성격도 가진다.

이 클럽하우스를 여러 채의 집들이 모인 것처럼 만든 이유에는 가끔은 대단히 바쁘게 시스템이 움직여야 하는 기능적 요구를 완벽히 수행하기 위함도 있다. 다시 말해, 개별 기능 단위에 적합한 볼륨을 각기 상정한 후 그들을 가장 긴밀한 방법으로 엮은 까닭이 이를 불규칙한 집합처럼 보이게 한다. 개별 단위의 군집이 이룬 도처의 사이 공간들은 때때로 중정이나 마당이 되어 자연환기와 채광을 제공할 뿐 아니라 시각적으로 풍부한 공간감을 이루게 한다. 대개 일층 혹은 이층으로 구성된 볼륨은 맞배지붕으로 집에 대한 인식을 강화시키며 그 경사지붕이 이루는 군집 형태가 작은 마을이나 산사 같은 풍경을 닮게 했다. 외부 마감은 자연의 아름다운 변화를 잘 받아들이는 배경으로 존재하도록 콘크리트와 돌을 주재료로 사용하였으며, 그 마감의 거친 물성을 조금이나마 덜어내기 위해 개구부에는 목재로 돌출하게 했다. 물론 여기서 주제는 늘 자연이며 클럽하우스와 더불어 이뤄지는 특별한 풍경이 중요하다. 필드 곳곳에서 이 집을 보게 되지만 마지막 홀에 서면 티타늄 지붕들이 내는 빛으로 덮인 풍경이 그 피날레가 된다. 모든 과정을 마치고 일상으로 돌아가는 이들에게 이 건축의 이름, '흙, 물, 꽃, 바람'은 이름으로서만 아니라 공간의 기억으로도 남는다.

삼양화학 사옥

서울

2013

건축 테크놀로지의 역사에서 로마가 발명한 콘크리트는 혁명적 사건이었다. 자연으로부터 채취해서 가공한 부재를 건축재료로 써 오던 수천 년의 전통을 바꾼 것이다. 이후 답보하던 건축기술은 고딕에 이르러 또 한 번의 하이테크적 성취를 이룬다. 기둥과 부축벽, 플라잉 거더라는 창조적 구조를 만들어 지붕을 지지하게 함으로써 얼마든지 높은 건물을 지을 수 있게 되었고, 벽체는 지붕을 지지하던 부담에서 자유롭게 된 것이다. 어쩌면 르 코르뷔지에의 도미노이론은 이 고딕의 기술을 현대적 버전으로 다시 정리한 것이다. 자유롭게 된 벽체를 내외부를 가르는 막으로만 간주한 이 정리에 충실했던 오피스 빌딩들은 그 이후 커튼 같은 유리로 된 외관을 갖는 게 전통이 되었다.

그러나 이 삼양화학 사옥은 다른 해법을 갖기로 했다. 즉 종래의 벽체에 전통적인 구조의 기능을 돌려주어 커튼 월을 제거한다. 그렇게 하면, 벽체가 기둥 역할을 한 내부공간에는 기둥이 사라져서 더욱 자유로운 평면이 될 뿐 아니라, 유리벽으로 부담해야 했던 에너지 소비도 줄게 된다. 무엇보다도 오랫동안 잃어버렸던 텍토닉한(tectonic) 공간감을 되살리는 게 중요한 소득이었다.

북쪽에는 공원이 조성되도록 지구단위 계획에 규정되어 있었다. 이 규정을 철저히 따라 공원의 연장선에서 북쪽으로 트인 오픈 스페이스를 내부에 둔다. 따라서 이 아트리움 같은 공유공간을 중심으로 코어와 복도가 형성되어 내부의 움직임이 서로에게 노출된다. 그러면 더욱 친밀한 도시공동체가 이 속에서 형성될 수 있을 것으로 믿었다. 인테리어라는 이름으로 타인이 설계를 간섭하는 바람에 공간의 힘이 다소 약화되었다. 그러나 견고한 콘크리트의 구조적 벽체가 공간을 구축하고 있는 한 그 힘은 늘 존재해 있으며, 그 힘이 건축이 가져야 할 진정성을 지탱하는 바탕이 될 것이다.

퇴촌주택

경기도 광주

2009

퇴촌(退村). 은퇴한 이들이 모여 사는 동네란 뜻이다. 전체 오십 평의 이 집은 진보적 성향의 경제학 교수와 인문학 교수 부부의 집이다. 어머니가 거처하는 집 옆에, 재즈 피아노를 전공하는 아들과 같이 살기 위해 설계를 의뢰하였다. 학문하는 부부인 만큼 각자의 독립된 방이 필요할 게고, 재즈 피아노라는 소리를 내는 방이 필요하니 이 또한 독립적이어야 한다. 이렇듯 이 가족의 사는 모습 자체가 이 집의 형식을 구성하는 결정적 단서가 되었다. 즉 서로 독립된 영역을 가지면서 이를 모아 집이 되는 구조, 그래서 한 일간신문에서 이 집을 취재하고 '뚝뚝 떨어뜨린 집'이라는 제호로 소개한 적이 있다. 또한 여기는 법적으로 농가주택의 제한이 있어 본채 삼십 평, 부속채 이십 평인 두 채의 집을 지어야 하는 것도 '떨어뜨린 집'을 만들어야 되는 조건이었다. 보다 근본적인 것은 우리가 오랫동안 지녀온 집에 대한 고유한 관념에서다. 본디 우리의 전통주거는 방들의 집합으로 이루어졌었다. 한 간 집부터 아흔아홉 간 집이라는 게 방의 집합을 의미한다. 그 방들은 목적 없는 방들로, 다른 방에 대해 서로 독립적이게 할 뿐 아니라 불특정한 비움의 방이니, 현대건축의 새로운 키워드를 우리 선조들은 이미 실체적 삶으로 보여 주고 있었던 것이다. 물론 이런 형식의 방은 자연과 직접적으로 접속하게 하여 통풍과 채광을 자유롭게 하므로 지극히 건강하다. 현대의 밀폐된 공간에서 현대적 설비를 이용하여 인공적 환경의 삶을 사는 데 익숙해진 이들에게는, 이 집은 불편한 집일 수 있다. 그러나 퇴촌이라는 풍광 좋은 터에서 이 불편함에 익숙하게 되면 돌이킬 수 없는 즐거움이 되는 것도 사실이다. '불편한 즐거움'. 아마도 우리가 잃어버린 기억이 아닐까. 그래서 이 집은 새로 지었지만 기억의 집이며 이 파편적 시대에 우리가 다시 찾아야 할 우리의 오래된 미래 아닐까.

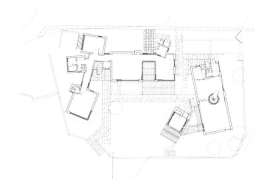

롯데아트빌라스

제주도

2011

제주도의 풍경 원칙을 잘 나타내는 지도는 현대의 지도가 아니라 고산자(古山子) 김정호(金正浩)의 〈대동여지도〉일 게다. 이 지도는 한라산에서 벋은 능선과 골의 선들이 바다로 퍼져 나가는 모습을 보여 주는데, 이는 제주도의 지형체계를 수직으로 이해해야 한다는 뜻이다. 즉 한라산과 바다를 잇는 경사면의 선이 제주의 생태축이요, 경관의 흐름인 까닭에 이를 막는 일은 반제주적이라고 할 수밖에 없다. 제주의 둘레를 횡단한 516도로는 이 수직의 생태축을 절단한 것이었으며 최근에 완성된 해안도로는 제주를 바다에 떠 있는 섬이 아니라 아스팔트에 떠 있는 육지로 만든 반생태적 토목사업이었다. 건축도 마찬가지다. 한라산에서 바다로 이어지는 비움의 통로를 먼저 설정하여야 하며 건축물은 이 축에 나란히 배열하는 게 좌향의 원칙이어야 한다. 바다 경관을 독점하기 위해 횡으로 길게 배치하는 것은 생태의 흐름을 막을 뿐 아니라 공공성의 가치를 위배하는 일이다.

전체 마스터플랜이 지정한 밀도는 리조트 타운이라기보다는 도시지역의 빌라처럼 높았다. 그래서 비움의 통로가 더욱 요긴해졌다. A블럭은 전체 대지의 가장 높은 곳에 위치하므로 아래에서 한라산을 보는 경관을 방해하지 않도록 세대 간의 간격을 크게 해야 할 필요가 있어 세로로 긴 평면을 만들 수밖에 없다. 한 세대 내에서도 이 흐름이 연결되도록 칸막이가 없는 원룸형식으로 만들었다. 그러면 세대 사이로 한라산과 바다를 잇는 풍경이 흐를 뿐 아니라 세대 내에서도 그 시퀀스가 유지된다. 풍경의 통로. 이 단어가 주제어였다.

전체 단지의 입구에 위치한 클럽하우스는 더욱 풍경을 주제로 한 건축이다. 동서남북 사방으로 서로 다른 레벨의 지면과 면하는 까닭에 이 레벨들을 건축을 통해 유기적으로 연결시켰다. 그래서 지면이 어느새 클럽하우스의 옥상 테라스가 되며, 자유스런 출입의 경사로를 따라가다 보면 다른 지면에 다다르고, 이윽고 식당으로 마당으로 갤러리로 풀장으로 자연스럽게 연결된다. 지형의 조건이 이 건축을 빚은 것이다.

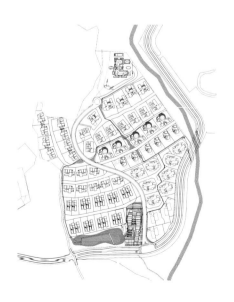

차의과학대학교 기숙사

경기도 포천
2011

차의과학대학교의 캠퍼스는 외딴 산중에 있다. 기존에 있던 입시학원을 인수하여 대학캠퍼스로 사용해 왔다. 기존 건물들이 붉은 벽돌로 마감되어 있어 새로 짓는 건물들도 붉은 벽돌로 주재료를 삼았다. 이용할 시설이 주변에 별로 없는 이 캠퍼스에 거주하는 젊은 학생들에게 기숙사는 어쩌면 속세와 절연한 절이나 수도원 같은 것이다. 물론 보다 개방적이고 자유스러운 장치를 설치하여 불편한 환경을 개선할 수도 있겠지만, 기존의 한계로는 어설픈 위로로 환경이 나아질 것 같지 않았다. 오히려 수도원 같은 공간구조를 본격적으로 가지는 게 더욱 합목적적일 수 있다. 평생을 여기서 보내지는 않을 것이다. 그래서 주어진 환경이 특별한 조건이 되어도 무방하였다. 더구나 기숙사의 땅은 캠퍼스 내에서도 도서관 뒤편의 북쪽 끝에 위치하는데 경사가 비교적 많은 곳이다. 몇 개 건물로 나뉠 수밖에 없으며, 건물 사이에 생기는 마당은 넓지 않은 공간이니 어쩔 수 없이 높은 벽에 둘러싸이게 된다. 이 요요되는 공간에는 긴장감이 있게 마련이다. 그래서 이 긴장감은 여기서 중요한 건축요소가 되며 어쩌면 이로 인하여 내부의 공동체적 연대를 강하게 할 수도 있을 것이다. 어차피 기숙사에 기거하는 이들은 스스로를 바깥세상에서 추방한 이들 아닌가. 면밀한 디테일과 세심한 재료 사용은 치밀한 내부공간의 구조와 함께 이 건축에서의 거주풍경을 특별하게 만든다. 복선으로 삼은 게 수도원적 공간이니 영성도 깃들어 있을 게다.

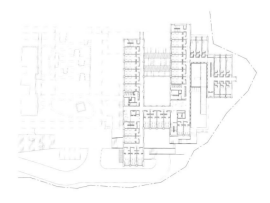

핑두주택문화관

중국 핑두

2012

핑두(平度)는 중국에서는 비교적 적은 백오십만 명 정도의 인구지만 무려 삼천 년의 역사를 갖는 도시이다. 급속한 개발 물결을 탄 인근 대도시 칭다오(靑島)의 영향을 받아 이 도시도 빠르게 변모하기 시작하여 도시 중심부를 점거하던 관청들이 신개발지로 이전하면서 이 지역을 재개발하게 되었다. 수천 년 역사를 가졌지만 민국시대 이후에 들어선 아파트들과 관아건축들은 유감스럽게도 이미 역사도시의 흔적들을 멸실하고 세운 결과였다. 다만 어렵게 찾은 고지도 속의 옛길들은 여전히 남아 지금도 쓰이고 있는 것을 확인하였다. 이 길의 지문에 근거하여 '핑두역사지구재생계획(Pingdu Historical Area Regeneration Plan)'이란 이름의 마스터플랜을 작성하고 제출하게 된다. 전체 개발을 맡은 완커그룹(万科集团)은 전체 사업의 홍보관 겸 문화시설을 나무가 울창하게 밀집된 시청사 부속건물의 땅에 짓기로 정하고 그 설계를 부탁했다. 이삼백 년의 수령을 가진 나무들은 모두 보존대상이어서 건축물은 빈 곳을 찾아 들어설 수밖에 없어 기존 건물이 있던 대지 끝에 자리하게 된다. 그러나 이 건물이 시민들에게 인지되도록 전면도로와 연결이 중요하여, 도로경계선에 콘크리트 프레임을 세워 연결시켰다. 이 콘크리트 프레임은 가로변 미술관의 기능을 가지게 하고, 대지 끝에 겨우 들어선 건물과 진입로를 연결시켜 전체를 조직했다. 분양아파트 모델이 전시되는 내부는 가상의 집인 만큼 현실의 공간과 대비되도록 어긋난 박스를 놓아 내부공간의 흥미를 더했다. 그렇다 해도 여기서 압도적인 것은 기존의 오래된 나무들이며 이들은 지난 시대를 증언하는 중요한 존재이다. 그러니 건축은 나무들로 상징되는 옛 시간들의 배경으로만 존재한다. 더구나 나무들이 서 있는 땅의 레벨은 도로레벨과 같은 건축 레벨보다 낮아서 이를 통해서도 시간의 차이 또한 보여 주게 했다.

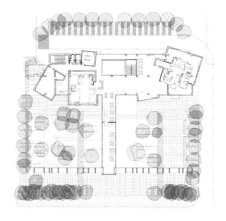

현암 玄庵

경상북도 군위

2012

대구 산격동에 모헌(某軒)을 지은 건축주가 인근 군위에 삼십만 평의 산지를 식물원으로 만드는 작업에 착수했다. 오래전부터 나무를 이식하고 간벌을 하며 자연의 변화를 관찰하더니 기거할 장소가 필요하여 아주 작은 집을 짓게 되었다. 장소는 전체 산세의 혈에 해당하는 요지이며 이곳에서는 오로지 산과 하늘만을 볼 수 있을 뿐이다. 향은 서향이어서 낙조가 저 건너 저수지 너머로 떨어질 게 분명하였고, 지세를 따라 놓이는 집의 좌향으로 보아 겨울에는 태양의 일몰 궤적과 일치할 것이었다. 건축주는 전체 식물원이 사유를 위한 공간이 되기를 원했다. 그래서 울창한 전나무 숲 사이 이 건축을 찾아가는 길 주변 적절한 위치에 다섯 개의 작은 인공 정원을 만들어 이 집의 전조로 삼았다. 사유의 단초인 셈이다. 이를 지나면 경사지면은 기다란 직선으로 된 내후성 강판의 구조물을 만난다. 위로는 언덕이며 아래는 계곡이다. 어떻게 전개될 것인지 도무지 알지 못한 체 문을 열면, 오로지 자연의 풍경만이 장대하고 장대하게 펼쳐진다. 건축은 땅과 하늘을 이을 뿐, 없어졌다. 나와 자연 그리고 침묵만이 있다. 혹시 시간이 일몰 때이면 그 아름다운 붉은 빛을 바로 마주할 것이다. 반드시 다시 나와 언덕에 오르면 억새풀 속에 놓인 차가운 내후성 강판 의자, 여기에 앉으면 스스로 자연의 일부가 된다. 그때는 지극히 고독한 순간이며 철학을 할 시간이다. 그래서 이 집의 이름을 현암(玄庵)이라 하였다. 누추하고 검은 집.

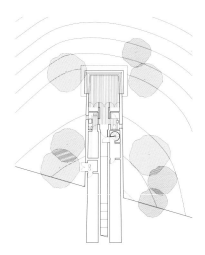

명필름 파주사옥

경기도 파주

2013

이십세기초 근대건축가들은 도시의 구성요소를 거주, 노동, 여가, 교통이라고 했다. 명필름에서 요구한 프로그램들이 이와 같았다. 그래서 애초에 이 건축은 도시적 성격을 가졌다. 차량 위주로 설계된 도로체계의 한계를 타파하기 위해 파주출판도시 건축지침에서 설정한 내부의 보행도로를 적극적으로 받아들여, 전체의 매스를 두 부분으로 나누고 가운데를 관통하는 도로를 넓게 하여 이 작은 도시의 주된 광장으로 삼았다. 나누어진 매스는 브리지와 데크로 연결되어 이 광장과 도로에서 행해지는 사건들을 서로 목격하고 반응할 수 있다. 더구나 광장에 면한 주된 면을 투명한 유리벽으로 하여 그 속의 행위를 외부에 노출시켰다. 내부는 더욱 도시적이어서 다양한 기능의 공간들 속으로 도로들이 관통하며 곳곳에 작은 공원과 휴게의 공간이 있다. 물론 모두가 외부와 긴밀한 관계를 맺고 있으며 개방된다. 콘크리트 자체가 구조재인 동시에 외부의 마감재가 되었다. 콘크리트는 대단히 진정성있는 재료. 만드는 이들의 기술과 성실, 자연조건에 대한 체념과 순응, 그리고 그 모든 과정의 결과에 대한 기다림이 내게는 늘 종교적 의식처럼 보인다. 이 재료는 흘러가는 시간을 그대로 담아 변하며, 원한다면 거의 영구적으로 존재할 수도 있다. 영구적이되 시간마다 변하는 건축, 힘들어도 늘 꾸어야 하는 건축의 목표다. 앙드레 바쟁(Andre Bazin)도 영화는 순간적 사진의 객관성을 시간 속에 완성시키는 작업이라고 했다. 이 건축은 그래서 늘 변하는 풍경으로 존재한다. 견고하게 땅을 딛고 서 있지만 그 건물은 인프라일 뿐이며 삶의 풍경이 그 위에 더해지면서 이 인프라는 비로소 건축이 된다. 건축은 건축가가 만드는 게 아니라 거주자가 완성하는 게다. 어쩌면 감독이 의도하지 않은 제3의 카메라에 담겨서 나오는 영화처럼, 현실의 객관성을 담보하는 게 진짜 영화며 진실된 건축이다. 그래서도 이 건축은 도시이며 스스로 영화가 된다.

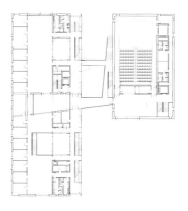

디자인비따

경기도 파주
2014

파주출판도시 일단계의 공동성 형성에서 가장 큰 걸림돌이었던 관습적 도로체계를 개선할 것을 꾸준히 지적했음에도 그대로 이단계가 시작되었다. 일단계와 비슷한 규모의 땅에 영화관련 산업이 참여하면서 '책과 영화의 도시'라 불리게 된 게 다를 뿐이었다. 파주출판도시 이단계에 속한 이 프로젝트의 땅은 이 도시의 프로그램과 아무래도 어울리지 않는 롯데아울렛과 길을 두고 마주해 있다. 거대 규모의 상업건축이 지배하는 영역에서 어떻게 이 작은 규모의 건축이 존재감을 잃지 않게 할 것인가가 가장 큰 과제였다. 그래서 도로변에 벽체를 세워 내부의 안정을 도모하게 된다. 이 벽체는 콘크리트지만 서가 같은 프레임을 부조하듯 만들어 그들에게도 표정을 지어 보였다. 이 벽체 안에 마당을 두고 배치된 매스는 작은 규모지만 무척 다양한 내용으로 채워져 있다. 공공적 시설인 마당에 면한 카페, 책 디자인을 위한 작업공간과 전시나 집회를 위한 공간, 또한 특별한 형태의 회의실도 있고 작은 공원도 있으며 묵상을 위한 공간도 있다. 모든 공간은 각각 다른 빛과 어둠의 조건을 가지며 공간의 형태와 크기도 각각이다. 모든 공간은 독립적이며 다른 에너지를 품고 있어 그 속의 회유가 즐거운 산책이 될 수 있도록 하였다. 콘크리트로 밖을 마감했지만 질 좋은 노출 콘크리트를 요청하지 않았다. 오로지 수직과 수평을 맞추도록 당부했으며 표면은 일반 합판으로라도 성의껏 만들어 달라고 했다. 그러면 공사하는 이들의 성실이 표면에 나타나게 된다. 그런 표정을 흰색 안료로 슬며시 감싸면 그것으로 진실이 된다.

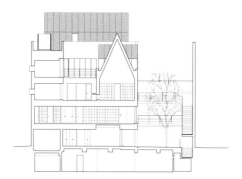

논산주택
충청남도 논산
2014

땅은 비교적 넓지만 비탈진 산허리를 차지한 까닭에 한쪽으로 쏠리게 되는 불안정한 공간감을 바로잡는 일이 과제로 주어진 프로젝트였다. 대신 멀리 우뚝 솟은 계룡산의 실루엣이 경사진 지형을 바로잡는 심리적 안정감도 있어 이 원경을 끌어들여야 했다. 그러니 대지의 경계는 계룡산이어서, 회재(晦齋) 이언적(李彦迪)이 독락당(獨樂堂)을 지을 때 먼 산들을 집터의 경계로 삼은 지혜를 빌렸다. 독락당에는 크고 작은 마당들이 즐비하다. 일반적 반가에는 평지라도 땅을 돋우어 사당을 올리지만 독락당의 사당은 같은 레벨에 두되 대신 마당을 겹으로 만들어 영역을 특별하게 할 정도였다. 더구나 계정(溪亭) 같은 아름다운 정자도 이 집의 내부에서는 마당을 형성하기 위한 벽체의 연장선상에 있을 정도로 독락당은 철저히 마당을 중심으로 전체가 구성되어 있다. 홀로 되어야 이(理)가 생긴다는 회재였으니 아마도 그 마당에서 고독함을 즐기는 삶을 가진 것이다. 그 위요된 마당은 또 다른 효과가 있어 집 옆의 계곡으로 경사진 지형의 불안정한 공간감을 안정하게 한다.

이 집도 마찬가지여서 그런 마당들을 만드는 것이 필수적 과제였다. 그래서 앞마당, 바깥마당, 가운데마당, 옆마당, 뒷마당 등 대단히 많은 마당이 먼저 배치되었고 그 마당들을 한정하기 위해 별채와 행랑채, 사랑채와 안채 등으로 둘러싼다. 펼쳐진 공간들이 방만하게 느껴지지 않도록 이들을 잇는 복도의 폭과 높이, 시각목표 등에 면밀한 주의를 기울였다. 각각의 내부 공간은 박공지붕을 가진 가장 단순한 형식으로 이루어지게 하여 마당 공간에 대한 감각이 흐트러지지 않게 하였다. 부차적으로는 박공의 지붕들이 집합하여 이루는 모습 또한 경사진 주변 지형에 맞는 형식일 게다. 오로지 공간이다.

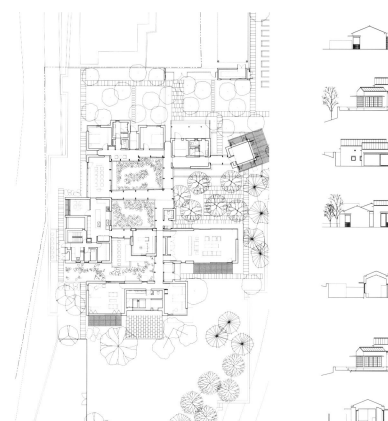

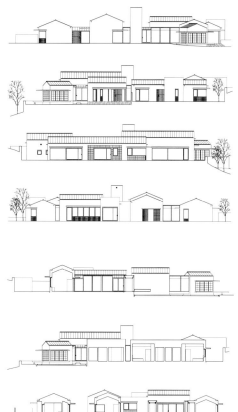

명례성지

경상남도 밀양

2015

이곳은 1866년 병인박해(丙寅迫害) 때 서른여덟의 나이로 순교한 신석복(申錫福, 마르코, 1828-1866)을 위한 성지이다. 그는 소금과 누룩으로 장사를 하는 평범한 사람이었지만 한번 얻은 신앙을 배반하지 않아 처형당하고 만다. 그의 출생지였던 이곳에 그를 기념하는 성당이 1897년에 지어졌지만 소실되어 1938년에 원래 건물을 다소 축소하여 지은 한식 건축이 남아 지방문화재로 지정되어 있다. 이 땅은 원래 낙동강물이 휘돌아 가는 언덕이었으나 사대강 사업으로 이제 육지에 솟은 땅이 되고 말았다. 언젠가는 회복될 주변 풍경이지만 그래도 여전히 평화로웠다. 땅 위에는 한식 성당 외에도 최근 지어진 한옥과 몇 건물들이 있는데 모두가 전체 땅이 가진 지형을 거스르지는 않았다. 한옥 성당은 규모도 작고 결구방식도 초라했지만 그 속에 앉은 역사와 사건들의 시간이 중첩되어 대단히 상징적이고 위엄있는 풍모를 가지고 있었다. 이 작은 건축이 중심이 될 수밖에 없는 곳에 지어지는 새로운 건물이 형태를 갖는 것은 위험하다. 특별한 풍경을 만드는 일이 되어야 하며 그 특별성은 성스러움으로 이루어져야 하는 게 당연한 전제였다. 스톡홀름에 있는 우드랜드 공동묘지를 일컫는 단어가 생각났다. 성서적 풍경(Biblical Landscape). 그곳보다는 여기여야 했다. 우선 전체 땅을 다스리기 위해, 흔히 성당 내부 벽에 붙어 액자화되는 〈십자가의 길〉 십사처(十四處)를 공간화하기로 했다. 이 땅에 존재해 온 필지들을 이용해서 그 하나하나에 일 처씩을 두고 전체를 이어 십자가의 길로 만들어 순례하게 한다. 마지막 여정은 땅의 경계 부분에 있는 저수조를 이용하여 마무리하면 언덕의 땅 전체를 종주할 수 있다. 신축하는 기념성당은 서측의 경사지에 짓는데, 마치 절벽면 풍경의 일부처럼 보이게 한다. 그러나 그 내부는 빛과 어둠, 이완과 긴장 속에 각별한 경험을 갖게 하였다. 그 위는 비교적 넓은 마당을 만들어 순례행사의 규모에 따라 적절히 사용할 수 있게 하며, 평상시의 비움 또한 방만하게 보이지 않도록 계단과 난간, 종탑 등으로 적절한 긴장을 조성한다. 입구에서부터 십자가의 길을 지나 기념성당을 거쳐 다시 이 마당에 오르는 여정, 많은 사건과 다양한 풍경을 조우하는 이 장구한 길은 수도(修道), 말 그대로 길을 닦는 일이며 그로써 성서적 풍경이 완성될 것이다. 그러므로 길은 이곳 명례성지의 가장 중요한 주제가 된다.

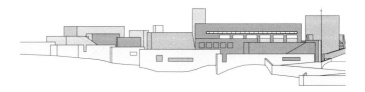

이로재 건축 연보

연도는 설계 완성 시점임.

1990 성북동 강 사장댁, 서울.
   성북동 주택 2제, 서울.
   중앙프라자빌딩, 부산.
   나다 컨트리클럽 클럽하우스 계획, 경기도 안성.
1991 수양빌딩, 부산.
   실크리버 컨트리클럽 클럽하우스 계획, 충청북도
    청주.
1992 영동제일병원, 서울.
   이문 291, 서울.
   수졸당, 서울.
1993 대학로 문화공간, 서울.
   제일병원 불임연구센터, 서울.
   제일병원 외래센터 리노베이션, 서울.
1994 돌마루공소, 충청남도 당진.
1995 순천향대학교 도서관, 충청남도 아산.
   순천향대학교병원 임상연구소, 서울.
   율동법당 계획, 경상북도 경주.
   세리헌, 경기도 가평.
1996 윤산부인과 병원, 경기도 구리.
   케이투(K2)빌딩, 서울.
   제이 산부인과 병원, 충청북도 청주.
   미즈메디병원, 서울.
1997 신동방본사 사옥, 서울.
   중곡동 성당, 서울.
   백운감리교회, 서울.
   현대고등학교 체육시설 계획, 서울.
   산본제일병원 본관, 경기도 군포.
   유시어터, 서울.
1998 수백당, 경기도 남양주.
   삼윤빌딩 리노베이션, 서울.
1999 안양대학교 강화캠퍼스 마스터플랜, 인천.
   파주출판도시, 경기도 파주.
   차의과학대학교 도서관, 경기도 포천.
   웰콤 시티, 서울.
   삼세한방병원, 부산.
   세화병원, 부산.
2000 한솔병원 리노베이션, 서울.

한국예술종합학교 마스터플랜, 서울.
   성정빌딩, 경기도 수원.
   샘터 파주사옥 계획, 경기도 파주.
2001 대전대학교 혜화문화관, 대전.
   베이징 장성호텔 클럽하우스, 중국 베이징
    바다링.
   보아오 캐널빌리지, 중국 하이난성.
   차병원 증축, 서울.
   나리병원, 경기도 김포.
   미래산부인과의원, 강원도 춘천.
   동광감리교회, 전라북도 익산.
2002 휴맥스 빌리지, 경기도 성남.
   삼표 사옥 인테리어, 서울.
   쇳대박물관, 서울.
   빈첸시오 클리닉, 경기도 부천.
   노헌, 경기도 양평.
   룽화진 주택단지 계획, 중국 선전.
   베이징 물류항도시 마스터플랜, 중국 베이징.
   풀무원 로하스아카데미, 충청북도 괴산.
   수눌당, 충청남도 아산.
   제주 4.3 평화공원 계획, 제주도.
2003 닥터박 갤러리, 경기도 양평.
   산본제일병원 별관, 경기도 군포.
   강동 미즈여성병원, 서울.
   엠-시티 마스터플랜, 중국 베이징.
   서초동 오피스빌딩, 서울.
   대전대학교 천안한방병원, 충청남도 천안.
2004 강서 미즈메디병원 키즈센터, 서울.
   동산교회, 경기도 안산.
   신사동 빌딩, 서울.
   팔판동 주택, 서울.
   아름다운가게 경기센터, 경기도 파주.
   책 테마파크, 경기도 성남.
   창덕궁 시설정비 마스터플랜, 서울.
   보오메꾸뜨르호텔, 제주도.
   마해송 문학비, 경기도 파주.
   파주식당, 경기도 파주.

2005   차오웨이 소호, 중국 베이징.

베이징 장성호텔 이차, 중국 베이징 바다링.

향원감리교회, 강원도 철원.

마라도 생태전시관 계획, 제주도.

국립아시아문화전당 국제설계경기, 광주.

2006   대장골 주거단지 계획, 경기도 화성.

디엠지 평화생명동산, 강원도 인제.

구덕교회, 부산.

마리아병원, 서울.

성만교회, 경기도 부천.

은일고등학교, 서울.

화성역사문화도시, 경기도 수원.

영등포구 공공디자인 시범사업, 서울.

양지주거단지 계획, 경기도 용인.

2007   조계종 전통불교문화원, 충청남도 공주.

교보파주센터, 경기도 파주.

아티잔 사옥, 서울.

현대해상 명동사옥, 서울.

라온채, 서울.

페퍼베르크 박물관 계획, 독일 베를린.

구겐하임 아부다비 비엔날레 파빌리온 17 계획,
　　아랍 에미리트 아부다비.

진디 주상복합개발 계획, 중국 베이징.

웨이하이 주거단지 계획, 중국 웨이하이.

엘 끌레르, 서울.

판교자연장지 계획, 경기도 성남.

템플스테이 통합정보센터, 서울.

행정복합도시 중심행정타운 국제설계경기, 세종.

헌인도시개발사업 계획, 서울.

2008   추사관, 제주도.

베이징 첸먼다제 역사지구보존재개발계획, 중국
　　베이징.

동탄제일병원, 경기도 화성.

지산 발트하우스 마스터플랜과 주택설계, 경기도
　　용인.

제주평화대공원 마스터플랜, 제주도.

대전대학교 삼십 주년 기념관, 대전.

로스앤젤레스 콘도미니엄 계획, 미국
　　로스앤젤레스.

청주중앙순복음교회, 충청북도 청주.

2009   삼백육십도 지수화풍 골프클럽하우스, 경기도
　　여주.

모헌, 대구.

우정, 대구.

아르보 페르트 콘서트홀 설계경기, 에스토니아
　　탈린.

신동엽문학관, 충청남도 부여.

사오싱 주거단지 마스터플랜, 중국 사오싱.

센툴 D2 복합시설 계획, 말레이시아
　　쿠알라룸푸르.

한국과학기술연구원 연구동 환경개선 마스터플랜
　　및 L4연구동, 서울.

풍남학사, 서울.

청량리동 복합청사, 서울.

경한사옥, 경상북도 경주.

노무현 대통령 묘역, 경상남도 김해.

퇴촌주택, 경기도 광주.

2010   제문헌, 광주.

서교동 근린생활시설, 서울.

제주 살아있는 미술관 계획, 제주도.

경주대학교 외국어학관 계획, 경상북도 경주.

한국과학기술연구원 북문, 서울.

용인주택, 경기도 용인.

오대산 자연학습장, 강원도 평창.

강서 미즈메디병원 신관, 서울.

핑두역사문화지구 재개발계획, 중국 핑두.

2011   충칭 주거단지 마스터플랜, 중국 충칭.

오스트리아 한인문화회관, 오스트리아 빈.

푸른길 문화샘터, 광주.

서울대학교 인문관, 서울.

롯데아트빌라스, 제주도.

부여주택, 충청남도 부여.

차의과학대학교 기숙사, 경기도 포천.

차의과학대학교 약학대학, 경기도 포천.

2012   동숭교회 사택, 서울.

대구 약령시 상징문 계획, 대구.

양평 솟대박물관 계획, 경기도 양평.

경주대학교 감포 연수원 계획, 경상북도 경주.

상월대, 서울.

우제길미술관, 광주.

청천교회 계획, 인천.

여미지 식물원 부속시설, 제주도.

천호동 산후조리원, 서울.

대학로 가로경관 마스터플랜, 서울.

경산상례문화공원, 경상북도 경산.

핑두주택문화관, 중국 핑두.

차의과학대학교 강의행정동, 경기도 포천.

용산공원 설계경기, 서울.

현암, 경상북도 군위.

2013 삼양화학 사옥, 서울.
대구특수금속 세천 신공장, 대구.
명필름 파주사옥, 경기도 파주.
솔거미술관, 경상북도 경주.
무주주택, 전라북도 무주.
리움메디병원, 대전.
말리부주택, 미국 로스앤젤레스.
더 소스(The Source), 미국 로스앤젤레스.
황산 주거단지, 중국 황산.
타이위안 완커센터, 중국 타이위안.

2014 디엠시(DMC) 복합쇼핑몰, 서울.
시안추모공원, 경기도 광주.
대전대학교 에이치알시(HRC), 대전.
청고당, 경기도 성남.
사근재, 경기도 성남.
논산주택, 충청남도 논산.

감천문화마을, 부산.
경암교육문화재단, 부산.
디자인비따, 경기도 파주.
징더전 프로젝트, 중국 징더전.

2015 적도기니 저택 계획, 적도기니 몽고모.
명례성지, 경상남도 밀양.
테산핑 주거단지계획, 중국 충칭.
유방 프로젝트, 중국 자싱.

이로재履露齋

직역하면 '이슬을 밟는 집'이라는 뜻의
'이로재(履露齋)'는 중국의 고전인『예기(禮記)』에
그 어원을 두고 있다. 옛날에 연로하신 부친을 모시고
사는 가난한 선비가 있었는데, 아침 일찍 일어나
외투를 걸치고 부친의 처소에 가서 문 앞에서 부친이
기침(起枕)하기를 기다려, 밖으로 나오시는 부친께
따뜻해진 외투를 건네 드렸다고 한다. 부친의 처소까지
가는 걸음이 아침 이슬을 머금은 길을 밟고 가는
길이었으니, 이를 번안하면 '이로재'는 가난한 선비가
사는 집이라는 뜻이 된다.

승효상承孝相

1952년생으로, 서울대학교를 졸업하고 빈 공과대학에서
수학했다. 십오 년간의 김수근(金壽根) 문하를 거쳐
1989년 이로재(履露齋)를 개설한 그는, 한국 건축계에
신선한 바람을 일으킨 '4.3 그룹'의 일원이었으며, 새로운
건축교육을 모색하고자 서울건축학교 설립에 참가하기도
했다. 1998년 북런던대학(현 런던 메트로폴리탄
대학)의 객원교수를 역임하고 서울대학교와
한국예술종합학교에서 가르친 바 있다. 저서로는『빈자의
미학』(1996)과『지혜의 도시 / 지혜의 건축』(1999),
『건축, 사유의 기호』(2004),『지문』(2009),『노무현의
무덤, 스스로 추방된 자들을 위한 풍경』(2010),『오래된
것들은 다 아름답다』(2012) 등이 있다. 그는 이십세기를
주도한 서구 문명에 대한 비판에서 출발한 '빈자의
미학'이라는 주제를 중심에 두고 작업하고 있으며,
김수근문화상, 한국건축문화대상 등 여러 건축상을
수상했다. 파주출판도시의 코디네이터로 새로운
도시 건설에 깊이 참여하던 그에게 미국건축가협회는
명예 펠로십(Honorary Fellowship)을 수여했으며,
건축가로는 최초로, 국립현대미술관에서 주관하는 '2002
올해의 작가'로 선정되어「건축가 승효상」전을 가졌다.
미국과 일본, 중국, 유럽 각지에서 개인전 및 단체전을
가지면서 세계적으로 알려진 그의 건축작업은 현재 중국
내의 왕성한 활동을 포함하여 아시아와 미국, 유럽에
걸쳐 있다. 한국정부는 그의 한국문화예술에 대한 공헌을
기려 2007년 '대한민국문화예술상'을 수여했으며,
2008년 베니스비엔날레 한국관 커미셔너, 2011년
광주디자인비엔날레의 총감독으로 활약한 그는, 2014년
초대 서울시 총괄건축가로 선임되어 현재까지 활동하고
있다.

민경식 閔敬植

1957년생으로, 서울대학교 조경학과 및 환경대학원 도시설계과를 졸업했다. 김수근의 제자로 건축을 시작하여 공간종합건축사사무소(현 공간그룹) 뉴욕사무소장을 거쳐 뉴욕 S.O.M(Skidmore, Owings & Merrill)의 수석디자이너를 역임했다. 이후 뉴욕 개인사무소를 운영하다 서울로 돌아와서는 공간종합건축사사무소 파트너소장을 거쳐, 2008년에 창설된 베이징 이로재의 파트너를 맡고 있다. 미국건축가협회(AIA), 한국건축가협회(KIA), 한국실내건축가협회(KOSID) 회원이다.

이동수 李東秀

1964년생으로 서울대학교 건축학과를 졸업하고 1991년 이로재에서 근무를 시작해, 2002년부터 서울 이로재 파트너를 맡고 있다. 2012년부터 약 이 년간 한국예술종합학교에 출강했다.

김성희 金成姬

1971년생으로 울산대학교 건축학과를 졸업하고 1995년에 이로재에 입사했다. 2012년부터 서울 이로재 파트너로 활동하고 있다.

이로재 사람들

입사 연도순이며, 굵은 글씨는 2015년 현재 근무자들임.

최원영, 김형태, 김교정, 정보영, 이명진, 김승, 이상준, 안용대, 박병순, 안영규, 황준, 이동우, 김영준, **이동수**, 백은주, 장유경, 강대석, 박종율, 이태민, 이진희, 유재우, 최상기, 이기석, 이형욱, 김미희, 남수현, 김기환, 김성호, 류재혁, **김성희**, 안우성, 박창열, 전영훈, 고대석, 임재은, 장영철, 강영필, 김종복, 정대진, **윤종태**, 전숙희, 김대호, **함은아**, 김승국, 이기태, 양효정, 임진욱, 한태호, 안재형, **김대선**, 최은영, 스테판 콘(Stephan Korn), 시몽 기유모즈(Simon Guillemoz), 임영미, 박원동, 성상우, 조수영, 이재준, 정효원, 정구호, 박종훈, 원정미, 조진만, 이연주, 이철환, 임주안, 이지현, 염주현, 성나영, 심형근, 오세원, 정수은, 최원준, 조장은, 유영수, 조윤희, 정세훈, 이종원, 함가경, 김동욱, 김윤지, 이종철, 정종인, 어혜령, 박양금, 장향미, 황선우, 손용찬, 권숙희, 김영근, 안재영, 차미정, 전가영, 양현준, 이창민, 박주연, 김수진, 권아주, 이정민, 한정한, 차승연, 이경재, 권순우, 박주희, 이문호, 오효경, 강혜미, **최현**, 윤경섭, 손남영, 이동희, 최근석, **한계화**, 김예원, 진영관, 곽용제, 윤보현, 윤광재, 이혜원, 김인한, 양비, 주성숙, 푸신(付欣), **신중수**, 권미선, 김태범, 한신욱, 최광명, 쑨즈쥔(孫志軍), **김태용**, **서연화**, 김기현, 고은비, **이완선**, 최중철, 나경은, 민소정, 김복연, 톈후이(田輝), 김선주, 추윤정, 클레이턴 스트레인지 찰스(Clayton Strange Charles), **이고은**, 김세현, 김지용, 비니에비츠 필립 라파우(Winiewicz Filip Rafal), 펑카이닝(彭凱宁), 정솔민, **표하림**, 손준식, 김상효, **김선엽**, 와다 츠요시(和田剛), 신현국, **이규빈**, 김소연, 곽동현, 홍종화, **김기원**, **이중현**, 안유진, 장유진, **이계현**, **고일환**, 쉬잉(徐穎), 돌만 프레데릭 빌럼(Dolmans Frederik Willem), 정싸이싸이(鄭賽賽), 페이위페이(裴雨霏), 자모(賈茉), 하상준, 정우열, **오은주**, 제이콥 칼마코프(Jacob Kalmakoff), 신영, **황효성**, 피예준, **윤순혁**, **이재민**, 로버트 조셉 제임스 휴즈(Robert Joseph James Huges), **자오타이오(趙泰豪)**, **이승희**, **이창헌**, 위천(喻晨), 안진호, **차혜란**, 이상준, **쭤자닝(左佳宁)**, 최지우, **우퉁위(吳桐雨)**, 김에스더태미, 엄기범, 최보라, 황남인, **현은수**

승효상 도큐먼트

초판1쇄 발행 2015년 12월 27일
발행인 李起雄
발행처 悅話堂
경기도 파주시 광인사길 25 파주출판도시
전화 (031) 955-7000, 팩시밀리 (031) 955-7010
www.youlhwadang.co.kr yhdp@youlhwadang.co.kr
등록번호 제10-74호
등록일자 1971년 7월 2일
편집 이수정 박미
디자인 박소영
인쇄 제책 (주)상지사피앤비

Seung H-Sang Document ⓒ 2015 by Seung H-Sang
Published by Youlhwadang Publishers. Printed in Korea.

ISBN 978-89-301-0496-8
값은 뒤표지에 있습니다.

이 도서의 국립중앙도서관 출판예정도서목록(CIP)은
서지정보유통지원시스템 홈페이지(http://seoji.nl.go.kr)와
국가자료공동목록시스템(http://www.nl.go.kr/kolisnet)에서
이용하실 수 있습니다.(CIP제어번호: 2016033944)